Bärbel Mohr

Clemens Maria Mohr

Die Mohr-Methode

Bärbel Mohr
Clemens Maria Mohr

Die Mohr-Methode

Ihr persönliches Grundlagenprogramm
zu privatem Glück und beruflichem Erfolg

Deutsche Ausgabe: © KOHA-Verlag GmbH Burgrain
Alle Rechte vorbehalten – 1. Auflage: Juli 2005

Lektorat: Delia Rösel
Satz: Satjana's (www.satjanas.de)
Umschlag: HildenDesign, München
Gesamtherstellung: Karin Schnellbach
Druck: Bercker, Kevelaer
ISBN 3-936862-62-1

Inhalt

Einleitung	7
Was ist die Mohr-Methode	7
Wie alles anfing bei Bärbel Mohr	8
Und wie war das am Anfang bei Clemens Maria Mohr	9
Bewusstsein – Unterbewusstsein	15
Automatismen	24
Das gemeinsame Unterbewusstsein	47
Die Wirkungsweise des gemeinsamen Unterbewussten	55
Der Spiegel	71
1. Das Eigenverhalten	71
2. Das Wunschverhalten	73
3. Das Vermeidungsverhalten	74
4. Die Erinnerung	75
Die Probleme nützen	83
Selbstwert	88
Übungen zu mehr Selbstliebe	90
Grundprinzipien der Wirklichkeit	97
Der Zufall	97
Absolute Eigenverantwortlichkeit	101
Geben und Nehmen	103
Willkommen im Club	111
Das Programmieren	116
1. Bilder	119
2. Leitsätze	131
3. Symbole	137
4. Meditation	138

Ziele	147
Grenzen	151
Potenzial-Analyse	156
Funktionsweise der Programmierung	175
Die Mohr-Methode	179
Yang-Technik	180
Yin-Technik	184
Überlegungen zur Neuprogrammierung mit Spieltriebfaktor	190
Der natürliche Zustand des Menschen	193
Die Mohr-Methode im Yin-Stil mit Spieltriebfaktor im Überblick	199
Qualität programmieren	201
Über die Autoren	208
Empfehlenswerte Literatur	209

Einleitung

Was ist die Mohr-Methode?

Die Mohr-Methode ist ein Baukastensystem, nach dem sich jeder auf seine eigene Weise seine inneren Automatismen umprogrammieren kann.

Überholt ist die Vorstellung, dass einer den Guru spielt und erzählt, er habe den einzig wahren Weg zum Kontakt mit dem inneren Licht entdeckt, der für alle gilt.

Zeitgemäß ist, wenn jeder aufgrund von einleuchtendem und inspirierendem Basiswissen seine eigene Methode selbst entwickelt.

Als ihr Clemens Maria Mohr über den Weg lief, hatte Bärbel Mohr viel Freude an seiner Art zu lehren, denn er bringt genau dieses einleuchtende und inspirierende Basiswissen mit, das auch für nüchtern veranlagte Menschen hervorragend geeignet ist, um ganz analytisch und logisch zu begreifen, dass es sich für das gesamte Leben lohnt, wenn man sich den mentalen Kräften zuwendet!

Clemens hingegen, der sich bisher sehr stark auf Unternehmen und Wirtschaft konzentriert hatte, fand Spaß am »flockigen« Stil von Bärbel und den erweiterten Anwendungsmöglichkeiten im privaten Bereich.

Gemeinsam bieten sie daher Methoden an, die sowohl im wirtschaftlichen als auch im privaten Bereich einsetzbar sind.

Der Leser ist aufgefordert den ersten Schritt zur eigenen Meisterschaft zu gehen, indem er sich aus diesem Angebot von Yin- und Yang-Wegen ins eigene Innere seine eigene Methode gestaltet.

Die Mohr-Methode ist der Baukasten und Sie können aus ihr mit viel Vergnügen die Meier-Müller-Huber-ganz-persönliche-XY-Methode für sich zusammensetzen!

Wie alles anfing bei Bärbel Mohr

Wie alles bei Bärbel Mohr begann, wissen eingefleischte Leser von ihr bereits. Deswegen sollen ihre Anfänge hier nur ganz kurz zusammengefasst werden:

»Freunde haben versucht mir nahe zu bringen, dass die Kraft der Gedanken und des Unbewussten eine ernstzunehmende wäre. Eigentlich nur um zu beweisen, dass dies Quatsch ist, machte ich ein Experiment und scheiterte kläglich, denn zu meinem Erschrecken gelang der Versuch. Das Gewünschte trat – wie bestellt – in Erscheinung. »Hilfe, Alarm« war meine erste Reaktion und »Hurra, unendliches Füllhorn« die zweite.

Was folgte waren viele Reisen um die Welt, Experimente, Besuche bei spirituellen Lehrern, Mentaltrainern und die Prüfung meiner neuen Erkenntnisse von verschiedenen Seiten.

Ich habe gesehen, dass »Wunder« möglich sind. Es waren zu viele, als dass ich mir noch vormachen könnte, es gäbe sie nicht, diese Wunder. Dennoch, allein zu wissen, dass etwas möglich ist, bedeutet noch lange nicht, dass ich auch selbst dazu fähig bin. Das ist eine bedauerliche Verwechslung, die in der Esoterik-Szene öfter einmal vorkommt.

Man kann sich das so vorstellen: Wenn man im hintersten Busch der Erde aufgewachsen ist und noch nie davon gehört hat, dass Seiltanzen, Saltos und Jonglieren möglich sind, so hält man es für Spuk oder für Flunkerei, wenn einer davon erzählt. Kommt dann ein Zirkus vorbei und man sieht es persönlich – aha, dann weiß man ab sofort, es geht. Doch ist man deswegen fähig es nachzumachen? Nein, natürlich noch lange nicht.

Was das Wissen über die Kräfte des Geistes anbelangt, leben wir

8

fast alle noch im Busch. Schön ist, wenn wir wenigstens einmal erfahren, dass unser Geist »seiltanzen, Saltos schlagen und jonglieren« kann. Um selbst ein Meister darin zu werden, dem Geist klare Vorgaben zu machen, was für einen Salto man denn gerne hätte (beruflichen, privaten oder gesundheitlichen Erfolg zum Beispiel) braucht man dennoch ein paar Übungen.

Um diese möglichst einfach und im Falle der Mohr-Methoden auch für hin und wieder etwas nüchterner veranlagte Menschen leicht zugänglich zu machen, haben wir dieses Buch geschrieben.

Ich wünsche viel Freude und Erfolg auf dieser Reise zu den eigenen geistigen Ursprüngen und Kräften.

Bärbel Mohr

Und wie war das am Anfang bei Clemens Maria Mohr?

Die inzwischen untergehende Sonne schien mir von hinten über die Schulter und beleuchtete die Zeilen, die mich derart fesselten, wie es noch kein Buch zuvor getan hatte. Dass ich seit Stunden über einem Buch saß, war nicht unbedingt ungewöhnlich, ungewöhnlich daran war nur, dass die Sonne mich auf einem Balkon beschien, der zum Haus gehört, in dem meine Schwiegereltern wohnen – dreihundert Kilometer weg von daheim.

Mitten in der dicksten Familienzusammenkunft – aus allen Teilen des Landes waren die Mitglieder anlässlich des Hohentwiel-Festes in Singen angereist – sitzt da einer im hintersten Eck, beteiligt sich an keinem Gespräch, gibt nur knappe Antworten und steckt immer wieder nur demonstrativ die Nase zwischen bedrucktes Papier. Dabei sieht er den Rest der Familie nur ein- bis zweimal im Jahr zu besonderen Feiertagen oder aber eben zum traditionellen Burgfest auf dem Tafelberg am Bodensee.

Nein, es war keine Flucht aus familiären Pflichtveranstaltungen, dafür sind diese in der Regel zu unterhaltsam. Es war wirklich tiefes Interesse an einer für mich völlig neuen Problematik. Es war echte Faszination.

Ich war in einem katholischen Elternhaus mit sehr enger Beziehung zur Kirche aufgewachsen. Mein Vater war nebenberuflich Verwalter der Kirchengemeinde. Diesen Job unterstützte natürlich die ganze Familie. Meine Mutter wusch die Messgewänder des Pastors und die Kinder waren Messdiener und halt Mädchen für alles – und immer an der Front.

Diese enge Bindung löste sich dann rasch mit zunehmendem Alter und somit wachsender Reife. Für mich stand die Lehre der Kirche zu wenig im Einklang mit dem Leben – mit dem, das die Kirchenoberen führten und mit dem, was »der kleine Mann auf der Straße« führte. Lebenshilfe war gefordert, aber nicht gegeben. Somit trennte ich mich auch rigoros von Begriffen wie Gott, Jesus oder sogar Glauben. Ja, ich erinnere mich, dass ich irgendwann einmal fast erschrocken feststellte, dass ich an nichts glaubte.

Und dann dieses Buch!

Mein Weltbild und mein Glaube schienen sich in kürzester Zeit nochmals aufzurichten. Wenn auch beileibe nicht in der heutigen Form, aber für die damaligen Verhältnisse doch recht dramatisch. Da erklärte ein gewisser Dr. Joseph Murphy, ein mir bis dahin gänzlich unbekannter Amerikaner, dass wir eine Instanz namens Unterbewusstsein in uns haben, die unser Leben entscheidend leitet. Und dass wir dieses Unterbewusstsein programmieren, aufgrund unserer Gedanken. So wie wir denken, so sind wir. Die Basis für unser gesamtes Leben – ob nun Gesundheit, Glück, Erfolg, Wohlstand, Liebe, Partnerschaft – seien unsere Gedanken, meint Dr. Murphy. Wir entscheiden über das, was uns passiert, und sonst niemand. Und dieses Unterbewusstsein nimmt er auch als Synonym für Gott, die Schöpferkraft.

»Der Glaube versetzt Berge« – so stehe es schon in der Bibel.

Bei mir läuteten sofort alle Glocken Sturm.

»So ein Blödsinn«, dachte ich. Da lernt man jahrelang in der Schule, man studiert, arbeitet, macht seine Erfahrungen und dann kommt da einer, der erzählt einem, man müsse nur richtig denken. Das war doch nun wirklich zu einfach!

Oder doch nicht?

Die Idee war eigentlich zu primitiv, als dass man sie hätte erfinden können.

Und mit jedem Satz, den ich las, mit jeder Seite, die ich verschlang, wuchs in mir die Gewissheit: Das ist es!

Der Gedanke ist die Basis! Wir sind in vollem Umfang eigenverantwortlich! Wir gestalten unser Leben durch die Art, wie wir denken!

Ich war begeistert.

In den Zwangslesepausen, in denen ich zum Essen musste – um den Familienfrieden nicht ganz zu stören –, kam ich der Bitte nach und erzählte enthusiastisch von dem jeweils gerade Erfahrenen. Für den Rest der Anwesenden war das Ganze ebenso neu wie für mich. Es mag an der Art meiner Übermittlung gelegen haben, aber die Reaktionen waren entweder zurückhaltend (»na ja?!«) oder aber abweisend. Besonders ein Schwager von mir befand sich deutlich auf der Stufe, auf der ich noch einige Seiten und Abschnitte zuvor gewesen war: »So ein Blödsinn!«

Plötzlich wurde zum allgemeinen Aufbruch geblasen.

»Was nun?«, dachte ich. Doch dann erinnerte ich mich – zwischen der Möglichkeit, seine Wünsche zu erfüllen und der Aussicht auf ständige Gesundheit hindurch – an den eigentlichen Anlass unseres Besuches.

Ach ja, das Hohentwiel-Fest.

Zur Erklärung: Der Hohentwiel ist ein Tafelberg mit einer mittelalterlichen Burgruine. Jeden Sommer findet in den alten Gemäuern ein grandioses Volksfest statt. Unnötig zu sagen, dass sich eine schier unüberschaubare Menschenmenge eben dorthin bewegt. Auch wir taten dies, mit Kindern und Kinderwagen, mit dem ganzen Anhang einer eigens angereisten Familienschar, und ich mit leichter Wehmut. Das Buch hatte ich zu Hause gelassen – ich wollte den Familienfrieden nicht noch stärker strapazieren.

Um nun halbwegs ein Chaos auf dem Fest zu vermeiden, wird der ohnehin kleine Berg anlässlich des Festes für den Autoverkehr gesperrt und Autobusse bringen im Pendelverkehr die Massen nach oben.

Man stelle sich die Szene vor: Alle paar Minuten kommt ein Bus angefahren, noch bevor er richtig zum Stillstand gekommen ist und die Türen wirklich offen sind, stürmt eine Menschentraube wildentschlossen nach vorne, drückt, schiebt, drängelt, presst sich in den Bus, bis dieser übersatt die Türen schließt, wobei immer wieder ein paar arme Kerle feststellen, dass sie nach dem Türeschließen nicht drinnen, sondern dazwischen oder eben doch draußen sind.

Und wir in dieser Menge – mit Kinderwagen!

Nachdem wir mehrere erfolglose Versuche gestartet hatten – sperrige Mitbringsel eignen sich sehr schlecht zum erfolgreichen Drängeln – meinte mein besagter kritischer Schwager in einem der Situation entsprechend entnervten Ton zu mir: »Jetzt mach doch mal was mit deinem Positiven Denken! Mach doch mal, dass der Bus hier vor uns hält und hier vor uns die Tür aufgeht!«

Ich fühlte mich etwas verkohlt ob der Aussichtslosigkeit der Situation. Und außerdem war ich ja noch Anfänger! Vor wenigen Stunden erst davon erfahren und dann schon ein Wunder vollbringen, also wirklich! Was also tun?

Auf der einen Seite sah ich das Chaos um mich herum, auf der anderen Seite war ich doch an meiner Ehre gepackt. Also begann ich zu überlegen, wie ich das Unmögliche möglich machen könnte. Die Blöße wollte ich mir nicht geben!

Und tatsächlich kam mir eine Idee: Die Busse mussten in unserer Nähe wenden, um dann – bereits in Richtung nach oben – die Menschenmassen aufzunehmen. Bei diesem Wendevorgang lief ich zu einem der Busse, sprach den Fahrer an und erklärte ihm unsere etwas sperrige Transportsituation.

Und Bingo! Ich konnte mir ein Grinsen nicht verwehren (in Wirklichkeit habe ich hämisch gelacht!) – der Bus hielt wirklich genau an der Stelle, an der es mein Schwager gefordert hatte. Die Kraft der Gedanken?!

Ich war selbst erstaunt. Sollte dies wirklich auf mein Denken zurückzuführen sein?

Schließlich hatte ich ja mit dem Fahrer gesprochen. Aber dies änderte nichts an der Tatsache, dass ich es zunächst einmal gedacht hatte und es dann wirklich so war.

Der Weg, wie man das Ziel erreicht – das lernte ich später noch genauer – ist sekundär. Und außerdem war ja nicht von Hokuspokus die Rede oder von gebratenen Tauben, die einem in den Mund fliegen. Hätte ich es nicht gedacht, wäre ich ja nie auf diese Idee gekommen.

Es war wirklich mein erstes Erfolgserlebnis mit der Methode! Und von da an ließ mich das Thema nicht mehr los.

Mir schien die Darstellung von Dr. Joseph Murphy jedoch in vielen Bereichen etwas zu einfach. Der Grundgedanke war faszinierend, die erklärenden Hintergründe aber fehlten bzw. waren mir persönlich nicht exakt und wissenschaftlich genug. Es fehlte mir die logische Erklärung.

Ich hatte vor kurzem ein sportwissenschaftliches Studium mit einem Diplom abgeschlossen und dabei natürlich auch die Sportpsychologie mit dem allgemein bekannten Mentaltraining detailliert kennen gelernt. Gab es hier Verbindungen? Zweifelsohne, aber wie waren sie zu erklären und vor allem, was steckte dahinter? Diesen Fragen wollte ich auf den Grund gehen.

Ich möchte Ihnen, die Sie jetzt genauso wenig zufällig dieses Buch lesen, wie ich damals das Buch »Die Macht des Unterbewusstseins« von Dr. Joseph Murphy las, meine Ergebnisse vorstellen.

Inzwischen habe ich daraus einen Beruf gemacht. Ich bin, wir schreiben das Jahr 2005, seit nunmehr 15 Jahren Management-Trainer zum Thema Motivation und Persönlichkeitsentwicklung. Nachdem ich die wissenschaftlichen Hintergründe ausgiebig erforscht hatte, war es relativ einfach, den Menschen diese Inhalte zu vermitteln, und vor allem ihnen klare Handlungsanweisungen für ihre tägliche Praxis zu geben. Es hat sich dabei gezeigt, dass selbst bei einer so relativ engen Zielsetzung, wie sie in Betrieben oft zu finden ist, nur ein ganzheitliches Vorgehen auf Dauer den Erfolg wirklich garantiert.

Noch eine Bitte vorneweg: Picken Sie sich aus den Inhalten das heraus, was Ihnen nützlich scheint. Kombinieren Sie es mit Ihrer bisherigen Sicht des Lebens. Ich möchte Ihnen kein Fertigmenü anbieten, sondern Ihnen eher die Grundlagen des Kochens beibringen, damit Sie sich selbst jederzeit Ihr Lieblingsgericht zubereiten können.

Oder lassen Sie es mich mit einem Bild meiner Kollegin Vera F. Birkenbihl sagen: Sehen Sie dieses Buch wie einen Supermarkt. Alle Ideen, die ich hier vorstelle, sind wie Waren, die in einem Supermarkt in die Regale gelegt werden. Sie haben nun einen großen Einkaufswagen und können all das einpacken und mitnehmen, was Ihnen gefällt. Sie können natürlich auch etwas liegen lassen.

Ich persönlich habe lange gebraucht, um alle Inhalte in meinen Wagen zu packen. Ich kann also gut verstehen, wenn Sie das eine oder andere noch liegen lassen wollen. Wichtig ist, dass Sie wissen, wo es liegt. Vielleicht gehen Sie ja nach einiger Zeit wieder einmal durch die Regale und nehmen sich etwas Neues mit.

Und das Tolle an all dem: Alle Waren, die Sie mitnehmen, sind schon bezahlt! Sie können also ruhig fleißig einpacken! Sie können dabei nur gewinnen!

Clemens Maria Mohr

Die Mohrs...

...sind übrigens zwar Verwandte im Geiste, weshalb wir hier ein gemeinsames Buch geschrieben haben. Sonstige Verwandtschaftsgrade bestehen jedoch trotz des gemeinsamen Namens nicht.

Bewusstsein – Unterbewusstsein

Ich (Clemens) werde in meiner Tätigkeit als Coach und Trainer zum Thema Erfolg und Motivation oft gefragt, warum denn der mentale, der geistige Bereich in meiner Arbeit so weit im Vordergrund stehe, warum ich mich mit dem »Denken« beschäftige, anstatt mit dem »Tun«. Es wäre doch viel gescheiter, erfolgreich zu verhandeln, erfolgreich zu verkaufen, erfolgreich seine Mitarbeiter zu führen und zu motivieren als nur erfolgreich zu denken!

Und auch bei mir (Bärbel) kommt bei Seminaren und Vorträgen in der Pause häufig der Einwand, dass das ganze »Positive Denken« doch erwiesenermaßen nichts nutzen würde, wenn man nicht auch danach handeln würde. Das ist zwar wahr, es liegt dennoch oft ein kleiner Denkfehler zugrunde. Denn wer kann unabhängig von seinen Gedanken auch nur den kleinen Finger krümmen? Außerdem, und das werden wir noch sehen, nutzt uns positives Denken, das wir uns einfach nur leblos selbst aufdrücken, in der Tat nichts.

**Im Grunde ist alles –
in der kleinsten Einheit
– ein Gedanke.**

Alles, was wir tun, müssen wir zunächst einmal denken. Wir können noch nicht einen Schritt vor den anderen setzen, ohne ihn zu denken. Nicht unbedingt bewusst, aber zumindest unbewusst.

Alles, was wir sagen, müssen wir zunächst einmal denken. (Auch wenn es sich zugegebenermaßen bei manchen nicht unbedingt so anhört!)

Alles, was wir wahrnehmen mit unseren fünf Sinnen – also sehen, hören, riechen, schmecken und fühlen (im Sinne von tasten) – fällt ja nicht durch einen großen Trichter in uns hinein, sondern wir machen uns, wie man so schön sagt, darüber unsere Gedanken. Wir verarbeiten alle Wahrnehmungen zu eigenen Gedanken und erst diese werden dann gespeichert.

Aber auch alles, was heute existiert, muss irgendwann einmal gedacht worden sein. Jeder Gegenstand, jedes Projekt musste zunächst einmal als Idee vorhanden sein. Und aus dieser Idee, aus diesem Gedanken, wurde ein Plan und daraus erst die Realisierung.

Ohne den Gedanken, dass schwere Dinge ewig auf den Schultern zu schleppen ganz schön anstrengend ist, könnte nie die Idee zur Erfindung des Rades geboren worden sein. Bei der Henne und dem Ei weiß man, laut dem bekannten Sprichwort, nicht so genau, wer zuerst da war. Aber bei einer Erfindung und dem ersten Gedanken an sie ist klar, dass immer die Idee, der Gedanke, zuerst da war.

Genauso können Sie es als eine neue Erfindung von sich selbst betrachten, wenn Sie neue berufliche Umstände für sich »erfinden« wollen, neue private Beziehungen oder mehr Gesundheit. Die meisten Menschen erreichen ihre Ziele nie, weil sie keine haben. Sie sitzen abends vor dem Fernseher und gucken sich an, was Menschen erlebt haben, die klare Ziele hatten. Und dann fragen sie sich, warum ihr Leben nicht so erfolgreich ist, wie das von denen in der Kiste. Schließlich strengen sie sich doch so sehr an.

Ich verrate Ihnen ein Geheimnis: Sie strengen sich an dabei schwere Dinge auf ihren Schultern zu tragen. Die Erfolgreichen in der Kiste hingegen, die sie gelegentlich beneiden, haben ein Rad für sich und ihr Leben erfunden. Und dazu war zuerst ein Gedanke nötig! Wer sein Leben nur so dahinplätschern lässt ohne

Kenntnisse darüber, wie die Gedanken unser Leben lenken, der wird nie ein Rad erfinden.

Wobei ja trotzdem längst nicht alle wirklich beneidenswert sind, die auf den ersten Blick so aussehen. Wer nur beruflichen Erfolg denkt und den privaten vernachlässigt wird auch nicht viel glücklicher als der, der vor dem Bildschirm hockt.

Geben Sie sich daher mit einfachen Rädern nicht zufrieden. Erfinden Sie Doppel- und Dreifachräder für Beruf, Gesundheit und Privates! Wir werden noch sehen, wie das gehen kann.

Auch unsere Gefühle, die wir normalerweise im »Bauch« empfinden, sind im Grunde Gedanken. Wenn wir an etwas Bestimmtes denken oder eine für uns wichtige Nachricht erhalten – wir verarbeiten all dies mittels unserer Gedanken und reagieren dann mit Gefühlen.

Alles, was ist,
ist in der Urform ein Gedanke.

Und deshalb ist es einfach sinnvoll, sich mit dem Denken, dem mentalen Bereich zu beschäftigen. Dann hat man nämlich alle anderen Bereiche quasi »in einem Aufwasch« mit erledigt!

Wenn wir aber beim Thema »Denken« sind, sind wir natürlich auch ganz schnell bei unserem menschlichen Geist, der Psyche, die ja ganz offensichtlich dieses Denken zu Stande bringt.

Und dieser menschliche Geist splittet sich, grob gesagt, in zwei Bereiche:

Der erste Bereich ist das, was wir als Verstand, als Logik, bezeichnen. Er beinhaltet unsere Ratio, die uns durch dieses Leben manövriert, indem wir Dinge wahrnehmen, sie bewerten, logische Schlüsse daraus ziehen und – wohlüberlegte – Entscheidungen treffen. Diesen Verstand haben wir in unserer Gesellschaftsform sehr lieb gewonnen. Wir sind stolz darauf, erziehen unsere Kinder schon früh zum »logischen Denken« und teilen sogar die Bevölkerung auf in verschiedene Klassen verstandesmäßigen Denkens. Ganz oben stehen die Akademiker und wenn diese dann noch irgendwelche Titel führen, womit sie nach außen deutlich zeigen, dass sie mehr »verstehen« als andere, setzen wir sie sogar auf einen schönen Thron – bildlich gesehen.

Es interessiert in der Regel nicht, wie lebenstüchtig ein solcher Mensch ist, welche Lebensqualität er hat, ob er glücklich oder unglücklich, zufrieden oder unzufrieden ist. Allein die Tatsache, dass er in der Lage ist logisch zu denken, erhebt ihn über den Rest der Welt.

Die Dinge, die in diesem Teil unserer Psyche ablaufen, die »wissen« wir, wir sind uns ihrer be-*wusst*. Deshalb nennt man diesen Teil auch das »Bewusstsein«.

Auf der anderen Seite gibt es aber ganz offensichtlich noch weitere Bereiche in unserer Psyche, von denen wir gar nicht so viel wissen. Etwas jenseits dieses Bewusstseins, an das wir irgendwie schlecht herankommen. Da diese Teile scheinbar unter dem Bewusstsein liegen, wie wenn sie zugedeckt wären, bezeichnen wir diese Teile alle zusammen als das »Unterbewusstsein«.

Das Unterbewusstsein ist sehr viel größer als das Bewusstsein. Wollte man es grafisch darstellen, so käme es der Form einer Pyramide wohl am nächsten.

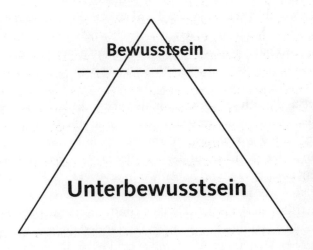

Das Unterbewusstsein erfüllt verschiedene Aufgaben, die für den Menschen lebenswichtig sind. Zum einen speichert das Unterbewusstsein alle Informationen, die wir je – auf welchem Wege auch immer – erhalten haben. Die moderne Hypnoseforschung hat bewiesen, dass tatsächlich alles, was wir im Laufe unseres gesamten Lebens je erlebt (also gesehen, gehört, getan, gesagt oder auch nur gedacht) haben, im Unterbewusstsein gespeichert wird. Es geht nichts verloren. Die Frage des Gedächtnisses (und dessen Aufteilung in Langzeit-, Mittelzeit-, Kurzzeit- und Ultrakurzzeit-Gedächtnis) ist also nicht eine Frage, ob die Information vorhanden ist, sondern ob wir dran kommen.

In Hypnose kann man sich tatsächlich an Dinge erinnern, die man längst »vergessen« hatte, bis ins Detail. Unglaublich, aber wahr. Es ist also zum einen ein phantastischer Vorratsraum.

Hierzu fällt mir (Clemens) ein Beispiel ein, das ich einmal auf einem meiner Seminare erlebt habe. Bei der Ausführung zu dem Thema Hypnose meldete sich ein Teilnehmer und erzählte, dass er einen damals 15-jährigen Sohn hat, der sehr große gesundheitliche Probleme hatte. Sie sind damals von Arzt zu Arzt gelaufen und keiner konnte ihm so richtig helfen. Bis sie dann auch bei einem Psychologen waren, der den Jungen hypnotisierte. Und in dieser Hypnose erzählte der Junge – in Gegenwart des Vaters – was er zu seinem ersten Geburtstag geschenkt bekommen hatte, was er damals anhatte und wer zu Besuch da war. Und er konnte diese Informationen nicht aus Erzählungen oder sonst woher kennen! Der Vater war natürlich völlig überrascht und Nachprüfungen der Angaben des Jungen mit Hilfe von Bildern, der Oma und anderen damals Anwesenden bestätigten deren Richtigkeit.

Ein sehr schönes Beispiel dafür, dass tatsächlich alles im Unterbewusstsein gespeichert wird.

Zum anderen besteht eine ganz wesentliche Aufgabe darin, Dinge, die wir im Leben oft brauchen, automatisch ablaufen zu lassen.

Wir haben von Haus aus eine ganze Reihe solcher Automatismen bereits gespeichert. So laufen zum Beispiel sämtliche Körperabläufe im Innern – gesteuert über das vegetative Nervensystem – automatisch. Herz-Kreislauf, Atmung, Verdauung sind nur einige deutliche Beispiele hierfür.

Müssten wir bewusst darauf achten den nächsten Atemzug zu tun, wären wir vermutlich bereits ausgestorben.

Hinzu kommt eine Reihe anderer, so genannter Grundbedürfnisse, die wir in uns verankert haben. Diese Grundbedürfnisse wurden von Abraham Harold Maslow, einem amerikanischen Psychologen des letzten Jahrhunderts, in Form einer Pyramide dargestellt.

An unterster Stufe stehen die körperlichen Grundbedürfnisse wie Nahrung (Essen und Trinken), Atmung, ein Dach über dem Kopf, Schlaf und Sexualität. Hier geht es förmlich ums »nackte Überleben« – des Einzelnen, aber auch der Gesellschaft als Ganzes.

Hören wir mit einem davon auf, sterben wir. Bei den ersten Punkten wir selbst, beim letzten die Menschheit.

Auf der zweiten Stufe folgt das Bedürfnis nach Sicherheit. Wenn also – auf der ersten Stufe – das Überleben gesichert ist, so will der Mensch dies aber auch möglichst sicher gestalten.
Dieses Sicherheitsbedürfnis geht nun aber weit über das Körperliche hinaus. So will man z. B. wissen, wer man ist, im Vergleich zu anderen. Man will wissen, wie man sich verhalten soll oder darf – besonders deutlich in fremden sozialen Gruppen oder Ländern festzustellen. Man will sich seines Wissens sicher sein, was oft eine gewisse geistige Unbeweglichkeit mit zunehmendem Alter zur Folge hat. Das Alte wird – der Sicherheit willen – mit allen Mitteln festgehalten. Und man will seine Zukunft abgesichert wissen – ein menschliches Grundbedürfnis also als Zugpferd für Sparbücher und Versicherungen.

Die dritte Stufe beschreibt die sozialen Bedürfnisse. Der Mensch ist seit jeher ein »Herden-Wesen« und für seine Entwicklung und sein Leben auf ein entsprechendes Umfeld angewiesen. Kleinkinder, denen nur die körperlichen Grundbedürfnisse erfüllt werden, sind nicht überlebensfähig. Ohne den direkten Kontakt zu anderen Menschen sterben sie.
Aus diesem Bedürfnis erwachsen heute die Vereine und Clubs, nachdem die Großfamilie – zumindest in unseren Breiten – als soziales Umfeld nicht mehr existiert.
Wichtige Punkte sind hier auch die Möglichkeit der Kommunikation und das Gefühl der Geborgenheit.

Die vierte Stufe – und hier wird es eigentlich erst interessant – beschreibt die Ich-Bedürfnisse, also das Streben nach Anerkennung, Status, Macht und Geltung. Und – wenn wir ehrlich sind – liegen unsere Ziele meist in diesem Bereich. Wobei hier eine Besonderheit zu beachten ist:
Die erste Stufe, die der körperlichen Grundbedürfnisse, ist in

unseren Breiten heutzutage in der Regel gedeckt. Auf der zweiten und dritten Stufe ergeben sich aber ganz häufig Defizite, die, wenn sie auf der entsprechenden Stufe nicht ausgeglichen werden können, in andere Formen gelenkt werden.

Dies ist zum einen die Aggression. In diese Kategorie gehören die schreienden Chefs, die schlagenden Väter oder auch prügelnde Fußballfans.

Zum andern kommt es aber auch zur Depression, die Aggressionen wenden sich also nach innen. Drogenkonsum in jeder Form, also auch Zigaretten und Alkohol, bis hin zum Selbstmord sind hier oft angesiedelt.

Als letzte und häufig genutzte Möglichkeit nicht erfüllte Bedürfnisse auszugleichen, gibt es die Kompensation, und zwar meist auf eben dieser 4. Stufe.

Einige Beispiele:
Ein Mann fühlt sich in seinem persönlichen Umfeld nicht wirklich geborgen und kompensiert dies durch enorme Arbeitsleistungen (»Workoholiker«), um so von Seiten der Firma die entsprechende Anerkennung zu bekommen.

Ein anderer weiß nicht so recht, was die Zukunft noch bringt, er fühlt sich unsicher und kauft sich dann ein sicheres Auto.

Eine Frau empfindet in ihrem Leben eine innere Leere und füllt diese mit Frustkäufen oder Frustessen.

Diese Kompensation ist nichts Außergewöhnliches. Schätzungen sprechen davon, dass fast zwei Drittel (!) unseres Brutto-Sozial-Produktes durch solches Kompensieren zu Stande kommt. Das ist mit folgendem Bild vergleichbar:

Sie haben Löcher in den Strümpfen und deswegen kalte Füße. Sie stopfen aber am Ellenbogen, weil Sie da besser ran kommen. Nur können Sie an den Ellenbogen noch so viel stopfen, Sie werden davon nie warme Füße bekommen!

Und hier kommen wir zum Thema Selbstwertgefühl. Ob die Bedürfnisse auf der zweiten und dritten Stufe erfüllt sind, unterliegt zum größten Teil der subjektiven Einstellung eines jeden. Und je geringer das Selbstwertgefühl ausgeprägt ist, desto gravierender wird ein möglicher Mangel empfunden werden. Jemand, der sich selbst ausreichend liebt, wird kein Status-Symbol in der Garage brauchen, um diese Liebe von außen zu bekommen. Das deutliche Erkennen der einzelnen Bedürfnisse und die Befriedigung auf der entsprechenden Stufe sind Voraussetzung für ein zufriedenes Leben. Nur so kann auch die vierte Stufe überwunden werden. Wenn allerdings immer neue Bedürfnisse sozusagen von unten nachschieben, wird die fünfte Stufe nie erreicht werden.

Und diese fünfte Stufe betrifft die Selbstverwirklichung. Der Wunsch sich selbst, mit seinen persönlichen Talenten, Zielen, Idealen und Wünschen zu verwirklichen, ist also ein natürliches Grundbedürfnis. Es ist tief in uns eingelegt und daher unbedingt auch zu beachten. Wobei es hier nicht um die Realisierung von so genannten Anerkennungs-Bedürfnissen geht, die gehören in die Stufe vier, sondern um Dinge, die man aus reiner Freude tut. So zum Beispiel das Ergreifen von sozialen Berufen (Starbeispiel Mutter Theresa) oder das Ausdrücken einer künstlerischen Begabung, ob nun in der Musik oder der bildenden Kunst. (Hierzu mehr aber auch später im Kapitel »Ziele«.)

Die Reihenfolge, in der wir die Maslow'sche Bedürfnispyramide durchlaufen müssen, ist immer von unten nach oben. Solange wir wirklich Hunger leiden, werden wir uns keine Gedanken über gut-nachbarschaftliche Beziehung machen. Und solange wir Probleme in der Partnerschaft haben, werden wir uns nicht selbst verwirklichen können.

Circa 90 Prozent unseres Verhaltens sind unterbewusst gesteuert und diese Steuerung folgt unseren vorherrschenden, bewussten Gedanken!

Automatismen

Kommen wir zu einer weiteren Eigenart des Unterbewusstseins: Häufig erhaltene Informationen werden als Muster oder Automatismus abgespeichert.

Wiederholungen werden Automatismen.

Da wirklich alles gespeichert wird, kann das Unterbewusstsein auch erkennen, wenn verschiedene Informationen mehrfach ankommen. Und wenn etwas oft genug wiederholt wurde, haben wir es »gelernt«, es wird als Prägung, als Automatismus abgelegt und läuft in Zukunft praktisch von alleine. Auch dies ist ein Beweis dafür, dass tatsächlich alles im Unterbewusstsein gespeichert wird. Würden die Informationen nämlich »durchfallen« wie durch ein Fass ohne Boden, dann könnten wir gar nicht bemerken, dass bestimmte Dinge schon einmal da waren. Es wäre alles neu und somit könnten wir überhaupt nicht lernen!

Wir alle kennen diesen Prozess aus dem Bereich der Bewegung. Ein Kind, das gerade dabei ist das Laufen zu erlernen, muss jeden Schritt sehr bewusst und aufmerksam ausführen. Je öfter es aber richtige Schritte gemacht hat, je öfter also die richtige Information ins Unterbewusstsein gelangt ist, desto mehr wird sich der Automatismus festigen und schon einige Tage nach dem erfolgreichen Lernen fragt man sich, ob es denn jemals nicht laufen konnte.
Das Gleiche gilt für das Autofahren. Wie konzentriert mussten Sie in Ihrer ersten Fahrstunde Bremse, Gas und Kupplung bedienen und wie nebenbei läuft es heute.
Dieser Automatismus-Prozess ist also etwas ganz Nützliches und Sinnvolles. Alles, was wir häufig brauchen, wird sozusagen verselbständigt, damit wir den Kopf, das Bewusstsein, frei haben für andere Dinge.
Stellen Sie sich nur eine Stunde Ihres Lebens vor, in der Sie alles, was Sie normalerweise automatisch tun, wieder bewusst

24

tun müssten, also auch reden, schreiben, rechnen, koordiniert bewegen, essen, trinken und und und!

Wie automatisch wir in vielen Bereichen der Bewegung handeln, können Sie selbst einmal testen: Verschränken Sie doch einfach mal Ihre Arme. Nun sehen Sie bitte nach, welcher Arm oben liegt. Der rechte oder der linke? Es ist nun gleich, welcher Arm bei Ihnen der obere ist, machen Sie es nun aber bitte einmal genau anders herum! Der Arm, der eben noch oben lag, muss jetzt unten liegen!

Vermutlich haben Sie bei diesem Test die gleichen Probleme wie die Mehrzahl Ihrer Mitmenschen. Manche meinen sogar, das ginge gar nicht. Sie haben auf eine ganz bestimmte Art und Weise als Kind die Arme verschränkt, haben das immer wieder wiederholt, bis es von ganz alleine ging. Heute machen Sie sich keinerlei Gedanken mehr darüber, es läuft ja von alleine.

Oder ein anderes Beispiel: Falten Sie einmal die Hände. Kontrollieren Sie jetzt bitte, welcher Daumen oben liegt. Der rechte oder der linke? Öffnen Sie nun Ihre Hände und verschieben Sie sie so, dass bei einem erneutem Schließen nun der andere Daumen oben ist.

Auch diese Übung ist verblüffend schwierig. Sie beweist ebenfalls, wie »eingefahren« wir in vielen Dingen sind.

Dieser Prozess der Automatisierung funktioniert nun aber nicht nur bei unserer Motorik, sondern auch in Bezug auf unsere Gedanken. Alles, was wir oft genug denken, wird in unserem Unterbewusstsein als Muster abgelegt und wird uns in der Folge in unserem Verhalten beeinflussen.

Nehmen wir einmal an, Sie haben einen Nachbarn, der sich – Ihrer Meinung nach – etwas seltsam benimmt. Der fährt doch mindestens einmal in der Woche mit seinem Wagen beim Einrangieren in die Garage an seine Hauswand, nicht fest zwar, aber immerhin. Und das Seltsamste daran ist, dass er sich noch nicht einmal darüber aufregt. Sein Auto sieht in der Zwischenzeit aus wie nach einem Crash-Rennen, aber auch dies scheint Ihren Nachbarn nicht zu stören. Wirklich seltsam!

Wenn Sie dieses Geschehen nun oft genug argwöhnisch beobachtet haben und weiterhin der Meinung sind, dass der nicht ganz in Ordnung sein kann, so wird sich dieser Gedanke automatisieren. Sie brauchen also in Zukunft nicht mehr daran zu denken, dass Ihr Nachbar etwas seltsam ist, Sie werden es einfach wissen. Es wird fester Bestandteil Ihres täglichen Lebens sein und alles, was Sie je in Bezug auf diesen Nachbarn erfahren, wird auf der Basis »seltsam« von Ihnen bewertet werden. Was auch immer er tut, er wird keine Chance haben von Ihnen neutral bewertet zu werden.

Aber auch Ihr Verhalten ihm gegenüber wird in Zukunft automatisch auf dieser Basis »seltsam« laufen. Wie Sie ihn anreden, Ihre Wortwahl, Ihre Gestik und Körpersprache, Ihr Tonfall wird sich ihm gegenüber entsprechend gestalten.

So lange zumindest, bis nicht ein anderes häufiges Verhalten des Nachbarn vielleicht gerade das gegenteilige Denken bei Ihnen hervorruft und somit das alte Programm gelöscht wird.

Jeder häufige Gedanke wird also ebenfalls als Automatismus gespeichert. Und somit ist dies auch ein Kernpunkt unseres Lebens. Ein weiterer Punkt, der zu einer Automatisierung im Unterbewusstsein führt, ist neben der Häufigkeit des Gedankens auch dessen Intensität, also die emotionale, gefühlsmäßige Bindung. Erlebnisse, die mit sehr starken Gefühlen verbunden werden, können mitunter schon beim ersten Mal zu einem Muster führen.

Das klassische Beispiel ist hier das Kind mit der heißen Herdplatte. Verbrannte Finger sind mit so großen Schmerzen (einer besonders negativen Art von Gefühlen) verbunden, dass das Kind nicht zehn Mal auf die Platte greifen muss, um zu lernen, dass sie heiß ist. Das dabei empfundene Gefühl ist in der Regel so stark, dass ein einziges Mal genügt.

Oder nehmen wir das traumatische Erlebnis einer Vergewaltigung. Frauen, denen dies zustößt, sind hierdurch meistens enormen emotionalen Belastungen ausgesetzt. Dies kann nun sofort zu einem unterbewussten Muster führen, dass z. B. alle Männer schlecht sind. Und diese Prägung kann sie ihr Leben lang in ihrem Verhalten den Männern gegenüber bestimmen. Wenn sie auch bewusst, also vom Verstand her, meinen über das Ereignis weg zu sein, so werden sie doch unterbewusst immer wieder entsprechend der Prägung reagieren.

In den meisten Fällen verhalten wir Menschen uns nicht bewusst, d. h. wir überlegen nicht lange, was und wie wir etwas tun können, sondern wir handeln wirklich automatisch.

Neunzig Prozent unseres gesamten Verhaltens – so schätzen Experten – sind unterbewusst gesteuert! Und die restlichen zehn Prozent laufen natürlich auch über die Psyche, eben über unsere Logik, das Bewusstsein.

Unser gesamtes Verhalten ist also zu neunzig Prozent abhängig von unseren Prägungen. Und zum Verhalten gehören ja nicht nur die Dinge, die wir tun, sondern auch die Dinge, die wir nicht tun.

Einer der wesentlichsten Unterschiede zwischen einem Menschen, dem es sehr gut geht und einem anderen, bei dem das nicht der Fall ist, sind etwa vierzig Zentimeter. Vierzig Zentimeter ist der Unterschied zwischen denen, die in ihrem Leben immer nur sitzen bleiben, und den anderen, die diese vierzig Zentimeter überwinden und den Hintern hochkriegen.

Wie oft im Leben haben Sie denn schon gesagt, »Ich müsste unbedingt einmal...« oder »Eines Tages werde ich...« oder »Wenn ich einmal Zeit habe, dann...«, aber Sie haben die ganze Zeit Ihren Hintern nicht hochbekommen. Das ist allerdings kein Vorwurf, denn auch dies gehört zu dem automatischen Verhalten.

Wir alle haben gelernt, dass es besser ist, nichts zu tun. Das beginnt in der Regel ganz früh, spätestens mit sechs Jahren. Wenn wir in die Schule kommen, lernen wir, dass wir für Fehler bestraft werden – mit schlechten Noten und roten Strichen auf der Heftseite. Und wer wird schon gerne bestraft? Also treffen wir irgendwann die Entscheidung, dass es besser sei nichts zu tun. Wobei das der größte Fehler ist.

Ich habe mich einmal mit einem Priester unterhalten, der in einer großen Krebsklinik Sterbebegleitung macht. Den ganzen Tag über unterhält er sich mit Menschen, die demnächst sterben. Und er sagte mir, dass er ganz selten auf Menschen trifft, die sich darüber beklagen, dass sie in ihrem Leben bestimmte Dinge getan haben. Er begegnet aber sehr vielen Menschen, die sich darüber beklagen, dass sie bestimmte Dinge nicht getan haben! »Hätte ich doch dies!«, »Hätte ich doch jenes!«, »Hätte ich mehr auf meine Gesundheit geachtet!«, »Hätte ich mehr Zeit mit meiner Familie verbracht!«, »Hätte ich diese Chance damals ergriffen!« *Hätte, hätte, hätte ...!!! Aber sie haben ihr Leben lang den Hintern nicht hochbekommen.*

Verhalten heißt ebenfalls, wie ich etwas tue. Ob ich engagiert bin, mich dafür einsetze, ob ich dran bleibe – oder ob ich gerade mal so »Dienst nach Vorschrift« mache. Es ist klar, dass hier das Ergebnis ganz anders aussehen wird.
Verhalten heißt auch, wann ich etwas tue. Es gibt Menschen, die haben eine hervorragende Begabung dafür, immer so einen Tick zu spät zu kommen. Immer wieder bekommen sie Dinge zu hören wie: »Tut mir Leid, gestern wurde die Stelle vergeben!«
Aber auch unsere Art auf bestimmte Situationen oder Menschen zu reagieren, unsere Wortwahl und die Art zu sprechen oder unsere Gefühle basieren eben zum größten Teil auf zuvor erlernten und gespeicherten Abläufen. Denken Sie nur daran, wie Sie mit kleinen Kindern reden und wie Sie mit Ihrem Chef reden. Ohne sich groß Gedanken darüber zu machen, wählen Sie in jeder Situation die entsprechende Form.

Der Mensch denkt zirka 60.000 Gedanken pro Tag. Haben Sie wirklich eine Ahnung, was Sie den ganzen Tag so zusammendenken und wie viel Prozent davon Gedanken sind, die Ihre

Ziele und Ihr Verhalten, Ihre Ausstrahlung und so weiter positiv unterstützen und wie viel Prozent Gedanken sind, mit denen Sie sich selbst ausbremsen?

Stellen Sie doch einmal eine Armbanduhr mit Piepser auf stündliches Erinnern und notieren Sie vierzehn Tage lang, was Sie in dem Moment gerade denken. Dann wissen Sie auf einmal ziemlich genau, womit Sie sich derzeit tagein tagaus programmieren und wie Ihre aktuellen Automatismen entstanden sind!

Noch etwas zum Stichwort Automatismen: Unser Gehirn verarbeitet 400 Milliarden Bits an Informationen pro Sekunde, bewusst sind uns davon aber nur 2000 Bits. Das heißt unser Gehirn empfängt 200 Millionen mal mehr Daten als wir ahnen. Allein das gibt uns einen deutlichen Hinweis auf die Macht der Kraftzentrale Unterbewusstsein mit seinen Automatismen.

Halten wir uns dies alles vor Augen, so wird klar, warum neue Handlungen nur sehr bedingt neue Resultate bringen, wenn wir nicht auch gleichzeitig neue Gedankenmuster erzeugen und etwas Neues ausstrahlen. Sprechen Sie zehn Menschen an mit der Ausstrahlung (d.h. mit den mindestens 90 Prozent unterbewusster Kommunikation): »Ach, mit mir redet ja doch keiner!« Der Erfolg wird sehr mager sein und auch nicht deutlich ansteigen, wenn Sie stattdessen hundert Leute ansprechen. Wenn Sie aber Ihre unterbewusste Kommunikation (die inneren Muster) verändern und dann nur zehn neue Menschen ansprechen mit dem neuen Muster von: »Bei meiner guten Stimmung, da freut sich doch jeder, wenn ich mit ihm rede...«, werden auf einmal Ihre Erfolgsquoten in schwindelnde Höhen steigen.

»Oh je, oh je, das wird aber schwierig werden«, höre ich oft ängstliche Stimmen. »Ob mein Unterbewusstes es denn je schaffen wird die alten Muster aus der Kindheit zu löschen. Schließlich war ich da in Dauer-Alpha und jetzt muss ich aktiv etwas tun, um in diesen aufnahmefähigen Zustand zu kommen...« (hierzu später mehr).

Ein Beispiel, das alle Eltern und Großeltern kennen, und nach dem Sie wissen werden, wie großartig unser Unbewusstes auch im erwachsenen Alter darin ist, alte innere Bilder und Gedanken nahezu vollständig zu überschreiben: Ich (Bärbel) habe drei Jahre alte Zwillinge. Gelegentlich bekommen wir Besuch von Eltern mit kleinen Babys und wir wissen natürlich – schon rein logisch – dass unsere auch mal so klein waren. Aber so richtig vorstellen können wir uns das nicht mehr! Und das ist ein Satz, den Sie dauernd von Eltern zu hören bekommen: »Komisch, ich kann mir gar nicht mehr vorstellen, dass meine auch mal so klein waren...«

Komisch ist da eigentlich gar nichts. Denn Sie sehen jeweils mit einem lebendigen Gefühl Ihre Kinder in der Gegenwart an und das Unbewusste speichert Ihr Kind unter diesem aktuellsten Bild ab. »Das alte Bild ist alt, vorbei und das brauchen wir nicht mehr«, denkt sich Ihr Unterbewusstsein und löscht das Bild von der Festplatte.

Egal wie alt Sie daher sind, Sie brauchen nur Ihr Unterbewusstsein zu überzeugen: »Das ist alt, vorbei und das brauchen wir nicht mehr.« Wenn Sie ihm gleichzeitig etwas Neues anbieten, überschreibt es das Alte und weg ist es.

Überprüfen Sie daher wenigstens mal ein paar von den 60.000 Ihrer täglichen Gedanken, mit denen Sie ebenfalls täglich Ihre unbewussten Automatismen reaktivieren. Und dann entscheiden Sie neu, was Sie denken wollen!

Verhaltens-Automatismen neu programmieren

Dr. Mansukh Patel empfiehlt in seinem Büchlein »Mastering the Laws of Relationships« eine Technik, mit der man seiner Auffassung nach in drei Monaten mehr Veränderung herbeiführen kann als mit willentlicher Anstrengung in fünf Jahren.

Man braucht dafür zehn Minuten Zeit vor dem Schlafengehen und eine Kerze. Dann setzt man sich ruhig hin, sieht entspannt in die Kerze und lässt in Gedanken den vergangenen Tag wie einen Kinofilm vor dem inneren Auge ablaufen. Dabei dankt man sich selbst für alles, was man getan hat, egal was man zunächst davon hält. Gibt es jedoch etwas, das man im Nachhinein gerne anders gemacht hätte, so baut man nun in diesen »Film im Kopf« die neue optimierte Szene ein und lässt sie so noch einmal ablaufen.

Der Trick dabei ist, dass das Unterbewusste so kurz vor dem Schlafengehen diesen letzten Eindruck des Tages nicht von wirklich Erlebtem unterscheiden kann. Angenommen, Sie werden immer wütend, wenn einer im Alltag ein bestimmtes »Knöpfchen« drückt. Dann lassen Sie drei Monate lang allabendlich den inneren Film ablaufen, indem Sie in kritischen Situationen flugs den Blick nach innen wenden, sich darauf konzentrieren ganz in Ihrer Mitte und gelassen zu bleiben und absolut alle Muskeln im Körper entspannen und so reagieren, wie Sie es frei von unbewussten Mustern wirklich wollen.

Schneller als Sie sich das vermutlich jetzt vorstellen können, akzeptiert das Unterbewusste diese Korrektur des Erlebten als neuen Automatismus und auf einmal können Sie gar nicht mehr anders als auf die neue Art zu reagieren. Das bekommen Sie mit Logik oder reinem Verhaltenstraining so elegant und geschmeidig nie hin. Denn bei dieser Technik denkt wirklich Ihr Innerstes, Sie würden es schon längst so machen. Probieren Sie es aus!

Dieses Buch bietet Ihnen noch eine Vielfalt an weiteren Möglichkeiten zur schnelleren Umprogrammierung an, und sollte Ihnen das alles irgendwann immer noch nicht schnell genug gehen und Sie außerdem die kindliche Seite in sich wieder mehr aktivieren wollen, dann können Sie auch abwandern ins Lager der Universums-Besteller (s. *Bestellungen beim Universum*).

Keine Methode ist jedoch letztlich wirklich besser oder schlechter als die andere, aber es gibt immer eine Methode, die *jetzt* besser zu Ihnen passt als alle anderen! Die zu finden ist bereits ein wichtiger Schritt zum Entdecken der Kraft, die in Ihnen schlummert.

Werfen wir nun einen Blick auf die Körpersprache. Unter Körpersprache versteht man bestimmte Verhaltensweisen, die in der Regel nicht bewusst gesteuert werden, sondern gemäß unserer inneren Einstellung eben automatisch ablaufen. Sie beziehen sich allerdings auf den Körper als solchen. Hierzu gehören neben der Gestik auch der Tonfall, die Körperhaltung und die Mimik, aber auch im weitesten Sinne die Wortwahl, die Lautstärke beim Sprechen und die Stimmlage und deren Änderungen (wobei dies allerdings zur klassischen Körpersprache nicht dazugezählt wird).

Ob wir also beim Gespräch mit anderen Menschen einen besonders netten oder aggressiven Ton an den Tag legen, ob wir eine abweisende oder annehmende Körperhaltung einnehmen, ob wir ein freundliches oder ein böses Gesicht machen, hängt von den inneren Einstellungen diesen Menschen gegenüber ab – also von unseren Prägungen. Und es wird automatisch gesteuert, ohne dass wir darauf direkten Einfluss hätten.

Sicher können wir in Kenntnis dieser Dinge unsere Körpersprache entsprechend verändern und anpassen, aber sobald wir die absolute Kontrolle darüber verlieren – und wer kann die schon über einen längeren Zeitraum aufrechterhalten – wird die alte Automatik wieder greifen.

Die Wirksamkeit unserer Körpersprache ist zudem nicht abhängig davon, ob unser Gegenüber diese beurteilen kann. Natürlich wird ein geschultes Auge bestimmte Gesten z. B. sehr schnell deuten und entsprechend darauf reagieren, aber auch ein Laie wird – eben unbewusst – diese Dinge sehr wohl registrieren und dies wiederum in sein Verhalten einfließen lassen.

Die Körpersprache ist deshalb so wichtig für uns Menschen, weil wir »Augenwesen« sind. Wir nehmen sehr viel mehr Information mit dem Auge als mit allen anderen Sinnesorganen auf. Zudem werden Bilder 15 Mal schneller zum Gehirn transportiert als zum Beispiel Worte.

Ein Experiment, das ich (Clemens) oft in meinen Seminaren und Trainings durchführe, ist für die Teilnehmer sehr überraschend und beeindruckend. Ich fordere sie auf: »Machen Sie jetzt bitte Folgendes: Heben Sie Ihre Arme *waagerecht* nach oben.« Dabei hebe ich allerdings meine Arme *senkrecht* nach oben. Bei allen durchgeführten Experimenten haben fast ausnahmslos alle Teilnehmer ihre Arme *senkrecht* in die Höhe genommen, obwohl ich gesagt hatte, sie sollten sie nur *waagerecht* nach oben nehmen. Ein schönes Beispiel dafür, dass wir eben mehr auf die Dinge reagieren, die wir sehen als auf die, die wir vielleicht nur hören.

Ein Beispiel dazu aus dem Alltag. Wenn ein Vater seinem Kind sagt: »Du darfst nicht lügen!«, so ist das sicher eine wichtige und sinnvolle Information. Wenn der Vater allerdings anschließend beim Klingeln seines Telefons seiner Frau sagt: »Ich bin nicht da«, wird das Kind zwar die Botschaft »Du darfst nicht lügen« hören, aber erleben wird es, dass der Papa lügt. Und da dieser Eindruck erfahren und nicht nur gehört wurde, wird es vermutlich in Zukunft auch lügen.

Falls Sie eigene Kinder haben, werden Sie wahrscheinlich auch schon die Erfahrung gemacht haben, dass Erziehung keinerlei Sinn hat – die machen einem eh alles nach! Wir sollten als Eltern also darauf achten unseren Kindern ein gutes Vorbild zu sein, also das auch zu leben, was wir anerziehen wollen. Zugegebenermaßen recht anspruchsvoll – aber die einzig wirklich erfolgreiche Methode!

Ein weiterer Bereich, in dem unsere Körperlichkeit durch die Prägungen im Unterbewusstsein entscheidend beeinflusst wird, ist unsere Figur. Ob wir zu dick, zu dünn, zu schwer, zu leicht, ob wir unförmig oder wohl proportioniert sind, hängt auch von den Mustern ab, die wir uns durch häufige Wiederholung oder durch viel Gefühl ins Unterbewusstsein eingelegt haben. Natürlich ist unser Gewicht auch abhängig von der Art und der Menge unserer Nahrung. Wäre dies jedoch allein ausschlaggebend, wieso gibt es dann die so genannten guten und schlechten »Futterverwerter«? Und warum hat der eine einen Heißhunger auf Süßes und der andere eben nicht. Warum isst der eine eben so lange, bis wirklich nichts mehr hineingeht, und der andere ist schon beim ersten Sättigungsgefühl mit dem Essen fertig? Der Schlüssel liegt in der Art unserer Prägungen.

Ich (Clemens) veranstaltete vor Jahren spezielle Seminare zum Thema »Denke dich schlank« und es zeigten sich immer wieder die abenteuerlichsten Ursachen für Übergewicht. Die Frau, deren Mutter dick war und deren erste und häufigste Bilder von erwachsenen Frauen eben auf dem Modell »dick« beruhten, ist hierbei noch das Harmloseste. Viele Menschen werden als Kinder oft liebevoll »Dickerchen« gerufen. Da dieser Kosename nun aber mit Anerkennung und Liebe verbunden ist, ist das Kind unbewusst daran interessiert, diesem auch zu entsprechen. Und solange eine solche Prägung nicht verändert wird, werden wir auch als Erwachsene immer wieder darauf achten das »geliebte« Dickerchen zu bleiben.
Neben anderen möglichen Ursachen, die in der Kindheit gesetzt werden, sind wir aber oft selbst täglich damit beschäftigt – ohne dass wir es wollen –, solche Muster zu verankern. Wie oft am Tag sagen Menschen mit Figurproblemen: »Ich bin zu dick!«, »Egal was ich esse, ich nehme direkt zu!«, »Die Kleider werden immer enger!« Dazu kommt natürlich auch noch die Bestätigung mit den gleichen Äußerungen aus unserem Umfeld. Und dann wundern wir uns, dass es tatsächlich so ist!
Zusätzlich hängen Verhaltensweisen wie »den Teller leer essen« oder Überzeugungen wie »nur dicke Kinder sind gesunde Kinder« vielen Menschen noch hinterher und steuern sie so vehement, dass ein vernünftiges Ernährungsverhalten und gesund ausgesuchte Nahrung eben nicht möglich sind.

Manchmal sind die Ursachen für Übergewicht auch auf besondere Erfahrungen zurückzuführen.
Eine Frau auf einem solchen Seminar stellte im Rahmen der Ergründung der Ursachen fest, dass ihr wirklich sehr unansehnliches Äußeres auf folgende Begebenheit zurückzuführen war: Als heranwachsende,

hübsche junge Frau wurde sie oft von Männern »angemacht«, was ihr als sehr schüchternem und streng erzogenem Mädchen sehr unangenehm war. Eskaliert ist dieses Verhalten in einer versuchten Vergewaltigung durch einen dieser Verehrer. Hierauf hatte diese Frau – ohne dass sie sich bewusst darüber im Klaren war – beschlossen, sich ein solch hässliches Äußeres zuzulegen, dass nur ja kein Mann mehr auf solche Gedanken kommen sollte. Dieses Ziel hat sie mit Erfolg erreicht –, aber zu welchem Preis!

Ähnlich anschaulich ist das Beispiel eines Mannes, der feststellte, dass er seit geraumer Zeit in seiner Partnerschaft mehr Freiraum für sich anstrebte. Er konnte somit auch die körperliche Nähe seiner Frau nicht mehr so gut ertragen. Überhaupt rückten ihm die anderen zu dicht auf die Pelle. Und genau seit dieser Zeit hat er sich – unbewusst einen entsprechenden Abstandshalter besorgt, in Form eines Bauches mit klassischen »Rettungsringen« rundum.

Gleichgültig, wo die Ursachen für ein Über- oder auch Untergewicht oder für bestimmte Figurbesonderheiten auch herrühren, eine langfristige Veränderung ist nur möglich, wenn diese eigentlichen Ursachen im Unterbewusstsein bearbeitet werden.

Natürlich helfen Diäten oder Fasten, aber eben nur so lange, wie man sie einhält. Sehr rasch ist das alte »Soll« wieder erreicht, eine Erfahrung, die nur allzu viele schon viel zu oft gemacht haben.

Noch deutlicher wird der Vorgang, wenn man sich die Abläufe in unserem Körper einmal genauer ansieht. Der Mensch hat eine Reihe von Regelmechanismen im Körper, die dafür sorgen, dass bestimmte fix vorgegebene Werte konstant bleiben. So z. B. für das Thema Körpertemperatur. Die ist fix vorgegeben auf 37°C – exakt sind es 36,8°C – und wir haben nun einen Regelmechanismus, der dafür sorgt, dass diese Temperatur immer konstant bleibt. Droht die Temperatur abzusinken, beginnen wir zu zittern und diese Bewegung erzeugt Wärme. Droht sie zu steigen, beginnen wir zu schwitzen und die Verdunstung der Feuchtigkeit auf der Haut erzeugt Kälte, also bleibt auch hier die Temperatur konstant.

Und ein Regelmechanismus funktioniert ja genau wie der Thermostat einer Heizungsanlage. Stellen Sie sich vor, in dem Raum, in dem Sie gerade sitzen, sei ein Thermostat, der auf eine Temperatur von 30°C eingestellt ist. Das ist nun ziemlich warm. Wenn es nun draußen kühler als 30°C ist, öffnen Sie einfach das Fenster. Und die Temperatur im Raum wird sinken. Wenn es allerdings kühl genug ist und Sie schließen das Fenster wieder, wird es dazu führen, dass die Heizung wieder auf ihre vorgegebenen 30° C aufwärmt. Das ist ja schließlich ihre Aufgabe.

Genauso ist es aber auch beim Thema Figur und Gewicht, nur mit dem Unterschied, dass hier der Wert nicht fix vorgegeben ist, sondern variabel ist. Nehmen wir als Beispiel einen Mann mit 100 Kilo. Der stellt früh morgens nackt vor dem Spiegel fest, dass ihm das zu viel ist und er beschließt: Diät! (Fenster auf) Er wird abnehmen, der Körper bekommt keine Kalorien mehr. Irgendwann hat er genug davon. Entweder, weil er genug abgenommen hat oder weil er endlich wieder etwas Vernünftiges essen will. (Fenster zu) Und er wird wieder zunehmen.
Aber es kommt etwas Entscheidendes hinzu. Im Grunde etwas Geniales –, aber zu diesem Thema etwas Dramatisches!
Der Thermostat der Heizungsanlage, den ich vorhin beschrieben habe, ist ja im Grunde genommen nur eine dumme Maschine, die nichts anderes tut als: 30°C – nein: anschalten; 30°C – ja: ausschalten.
Unser Körper hingegen ist hoch intelligent. Er wird sich bei einer Diät sofort »seine Gedanken« machen. Er wird sofort merken, dass irgendetwas nicht stimmt. Und gemäß der instinktmäßig eingeprägten Erkenntnisse wird er vermuten, dass wohl eine Not ausgebrochen ist, eine Dürrekatastrophe vielleicht, und der arme Mensch nichts zu essen bekommt. Gott sei Dank hat der Körper Reserven angelegt und diese Reserven wird er nun entsprechend anzapfen. Sobald die vermeintliche Not allerdings zu Ende ist und unser Mann wieder normal isst, wird der Körper diese Reserven wieder auffüllen.

Aber es kommt noch etwas Entscheidendes hinzu: Er wird den Level von 100 Kilo als sein Soll nehmen. Da nun durch die verringerte Ernährung dieses Soll unterschritten wurde, wird sich der Körper überlegen, was er wohl tun kann, um dieses Soll auch in Zukunft aufrechtzuerhalten, auch dann, wenn eine solche Not noch einmal kommen sollte. Und er wird mehr Reserven anlegen, als er vorher hatte –, sagen wir 105 Kilo.

»Dick durch Diät« ist eine Erfahrung, die die meisten, die eine Diät gemacht haben, bereits kennen. Dass sie nachher mehr wiegen als vor Beginn einer Diät.

Statistisch gesehen wiegen neunzig Prozent aller Menschen, die eine Diät machen, ein Jahr nach Beginn der Diät zwei Kilo mehr als vorher! Langfristig kann es eben nur funktionieren, wenn wir parallel dazu unseren »Thermostaten«, also unsere Prägungen im Unterbewusstsein ändern.

Ein weiterer Aspekt unserer Körperlichkeit, der durch die Prägungen in unserem Unterbewusstsein verursacht wird, ist unser Aussehen. Sehen wir jung und dynamisch aus oder alt und verbraucht? Dies hat, das werden Sie selbst schon erfahren haben, nicht nur mit der Anzahl der bereits gelebten Jahre zu tun, sondern auch mit der inneren Einstellung.

Man ist so jung (oder eben so alt), wie man sich fühlt!

Wieso gibt es bei Klassentreffen immer wieder – optisch – Generationsunterschiede zwischen eigentlich gleichaltrigen Menschen? Allein die äußere Veränderung nach einem schweren Schicksalsschlag ist Beweis genug für den Einfluss der Psyche auf unser Aussehen. Wie viel besser sehen wir aus, wenn wir frisch verliebt sind, als wenn gerade eine Partnerschaft in die Brüche gegangen ist!

Diese Wirkung kennen Sie vielleicht auch von einem etwas dubiosen Partygag:

Mehrere Gäste suchen sich ein Opfer willkürlich aus den Anwesenden und treiben mit ihm folgendes Spiel: Der erste der »Täter« geht auf ihn zu und fragt ihn, ob es ihm nicht gut ginge. Nachdem das Opfer dies in der Regel vehement abstreitet, kommt nach wenigen Minuten scheinbar völlig unabhängig vom ersten der zweite Täter und macht eine ähnliche Bemerkung etwa, »ob er denn krank wäre«. Spätestens beim dritten oder vierten Anlauf wird es dem Opfer sehr übel werden.

Die Kraft der Gedanken!

Die Abhängigkeit von Prägungen und Aussehen ist sogar so eklatant, dass sich eine eigene Wissenschaft hieraus gebildet hat, die »Physiognomische Psychologie«. Sie geht davon aus, dass man aus Äußerlichkeiten – also zum Beispiel der Statur, der Form des Gesichtes oder der Nase – Rückschlüsse auf den Charakter eines Menschen ziehen kann. Und was ist der Charakter anderes als die Prägungen in unserem Unterbewusstsein?

Auch die Frage der Körperpflege ist unterbewusst gesteuert. Eine Frau, die zum Beispiel der Meinung ist, dass sie hässlich ist, wird nicht auf die Idee kommen, etwas für ihr Äußeres zu tun. Wozu sollte sie auch zum Friseur, zur Kosmetikerin, wozu sollte sie sich schicke Kleider kaufen? Dies wird – nach ihrer Überzeugung – nichts an ihrer Hässlichkeit ändern. Doch da beißt sich natürlich die Katze in den Schwanz! Wer nichts aus sich macht, wird nach außen logischerweise als hässlich erscheinen.

Vom Thema Körper, äußere Erscheinung und Aussehen, ist der Schritt zum Thema Gesundheit nicht mehr weit. Vor dreißig Jahren hat die klassische Medizin 20 Prozent aller Krankheiten psychische Ursachen zugesprochen, heute ist sie bereits bei 80 Prozent angelangt. Es gibt heute sogar Ärzte, die behaupten, dass 100 Prozent aller Krankheiten ihre Ursache in der Psyche hätten. Aber wir brauchen ja gar nicht so weit zu gehen. Wenn nur 80 Prozent aller Krankheiten psychosomatisch sind, heißt das ja, dass man diese 80 Prozent auch auf genau diesem Wege – über die Psyche – heilen könnte. Davon will die klassische Medizin allerdings nichts mehr wissen. Nicht, dass sie es nicht wüsste. Aber unser Gesundheitssystem gibt es einfach nicht her. Wenn Sie z. B. mit Magenproblemen oder sogar einem Magengeschwür zu einem Arzt gehen, müsste der sie eigentlich fragen, ob sie irgendwelche Probleme haben. Ein solches Gespräch allerdings wird nicht ausreichend bezahlt. Davon kann der Arzt keine Miete und keine Sprechstundenhilfe zahlen. Das Einzige, was ihn ernährt und was ihm auch entsprechend gelehrt wurde, ist die medikamentöse oder operative Behandlung.

Probleme bereitet diese Denkweise immer dann, wenn doch »ganz klare Ursachen« für eine Krankheit verantwortlich zu sein scheinen. Wichtig ist hier, zwischen Ursache und Auslöser zu unterscheiden. Sicher ist der Auslöser für eine Grippe das entsprechende Virus, das sich ein Mensch einfängt. Es ist aber nicht die Ursache, die liegt nämlich quasi eine Stufe tiefer. Wäre das Virus wirklich die Ursache, so müsste jeder, der mit dem Virus behaftet ist, auch erkranken. Warum aber reagiert das Immunsystem des einen so, dass die Krankheit nicht zum Ausbruch kommt, und das des anderen eben schlechter. Die Antwort liegt hier wieder in der Psyche.

Beim Thema Gesundheit gibt es zwei wichtige Aspekte:
Der erste ist der enorm große Einfluss der Psyche auf unseren Körper, wie am Beispiel des Partyspiels ersichtlich. Viele Menschen erwarten, dass sie krank werden, dass sie zum Beispiel einmal im Jahr eine deftige Erkältung bekommen – und der Körper reagiert entsprechend. Auch Placebos sind ein gutes Beispiel hierfür. Placebos sind Medikamente, die eigentlich gar keine sind. Wenn nun in Versuchsreihen mit Personen, die die gleiche Krankheit haben, ein Teil mit richtigen Medikamenten, ein Teil aber mit Placebos versorgt wird, so werden alle, die davon ausgehen, dass sie das richtige Medikament bekommen haben, im gleichen Ver-

hältnis gesund werden. Auch die, die nur das Placebo eingenommen haben.

Der zweite Aspekt ist, dass auch eine Krankheit so etwas Ähnliches wie eine Körpersprache ist. Der Körper will etwas damit sagen.

Bei Schnupfen, zum Beispiel, sollte sich jeder Betroffene einmal fragen, wovon er denn – im übertragenen Sinne – die Nase voll hat. Gegen wen jemand allergisch ist, wen oder was er nicht mehr sehen oder hören will, was ihm auf den Magen schlägt u.v.m., das ist der eigentliche Hintergrund für die im Körper sich zeigenden Symptome.

Und solange nur die Symptome behandelt werden, ohne die dahinter liegenden Ursachen zu beheben, wird zwangsläufig ein weiteres, vielleicht sogar schlimmeres Symptom wieder auftreten. Der Körper ist auch hier eben nur der Spiegel der Seele. Das Tragische dabei ist die Tatsache, dass einmal verankerte Automatismen immer stärker sind als das bewusst gelenkte Verhalten. Wir werden uns schlussendlich immer gemäß unserer Prägung verhalten und nicht gemäß unserem Willen.

Die einzige Möglichkeit ist die Veränderung der Prägung.

Fassen wir also nochmals zusammen:

Alles, was wir oft genug und/oder mit großer emotionaler Anteilnahme bewusst denken, tun, sagen und wahrnehmen, wird im Unterbewusstsein als Automatismus verankert und wird uns

- in unserem Verhalten beeinflussen sowie
- in unserer Körperlichkeit steuern in Bezug auf
  Körpersprache
  Aussehen
  Figur und sogar
  Gesundheit

Ich vergleiche das Verhältnis Bewusstsein/Unterbewusstsein auch gerne mit einem großen Dampfer:

Oben auf der Brücke steht der Kapitän (wir mit unserem Verstand, dem Bewusstsein). Und dieser Kapitän gibt die Befehle nach unten in den Maschinenraum (ins Unterbewusstsein). Die Mannschaft im Bauch des Schiffes wird diese Befehle ausführen. Werden nun in ähnlichen Situationen auch ähnliche Befehle gegeben, so wird sich die Mannschaft dies merken und selbständig handeln. Der Kapitän hat also in Standardsituationen den Kopf frei für wichtigere Dinge.

Genau wie die Mannschaft im Bauch des Schiffes aber nun nicht nach außen sehen kann, wo das Schiff hinfährt, also eigentlich blind gehorcht, so wird auch das Unterbewusstsein jede Prägung in unser Verhalten einfließen lassen. Egal, ob es für uns gut oder schlecht ist. Befehl ist eben Befehl!

Ein anderer anschaulicher Vergleich ist der mit einem Computer:

Da gibt es zunächst die so genannten Betriebssysteme, Programme, um das Ganze überhaupt einmal zum Laufen zu bringen. Diese Betriebssysteme sind fester Bestandteil einer jeden EDV und quasi »von Haus aus« vorhanden. Diesen entsprechen die Grundbedürfnisse als grundlegender Teil des Unterbewusstseins.

Der Rest des Speichers ist mit Programmen und Daten belegt. Daten sind einzelne Informationen, die bei Bedarf abgerufen werden. Auch unser Unterbewusstsein speichert alles, was wir je getan, gesagt, erlebt haben.

Die Programme nun, die das Ganze interessant machen, entsprechen unseren Prägungen, den Automatismen. Der Programmierer, der unsere Programme eingegeben hat, sind nun aber wir selbst, wir mit unserer bewussten Wahrnehmung, unseren bewussten Gedanken. Sollte ein Programm also »Mist« ausspucken, so liegt dies – eine korrekt funktionierende Hardware (gleich Körper) vorausgesetzt – immer daran, dass »Mist« einprogrammiert wurde.

Gekoppelte Wirkkraft von Unbewusstem und Gedanken

Das Autogene Training (AT) zeigt ganz wunderbar, wie nahezu jeder lernen kann mittels seiner Gedanken Vorgänge in seinem Körper zu beeinflussen, die sich »eigentlich« nicht bewusst beeinflussen lassen. Vielleicht erinnern Sie sich an einige der typischen Suggestionen aus dem AT. Der Proband legt sich entspannt auf eine Matte und lässt seinen Atem zur Ruhe kommen. Dann beginnt er beispielsweise mit folgendem Gedanken, den er im Geiste fortwährend wiederholt: »Mein rechtes Bein ist ganz schwer, mein rechtes Bein wird immer schwerer...«

Das braucht man nicht lange zu machen und schon fühlt sich das rechte Bein wesentlich schwerer an als das linke. Das Gleiche funktioniert mit dem Gedanken: »Meine linke Hand ist gaaaanz warm. Meine linke Hand wird immer wärmer, ja geradezu heiß.«

Zwei bis drei Wochen täglich zweimal trainiert und fast jeder schafft es, seinen Körper dazu zu bringen, die gewünschte Hand (oder den Fuß oder was immer) deutlich wärmer werden zu lassen als den Rest des Körpers.

Wie das? Hatten wir nicht gedacht, die Körpertemperatur würde unbewusst gesteuert und konstant gehalten, zumindest bei einem gesunden Körper? Aber siehe da, wenn ich genau weiß, dass ich *möchte*, dass meine rechte Hand wärmer ist als der ganze Rest, gibt der Körper klein bei, lässt alle Automatismen außer Acht und macht brav, was ich will!

Das ist die für uns wichtige Botschaft dabei: Ich bin nicht abhängig von meinen gesammelten Automatismen. Niemand zwingt mich, ihnen bis ans Ende aller Tage anzuhängen. Kraft meiner Gedanken kann ich meinem Unbewussten in vielen Bereichen neue Automatismen beibringen.

Ich kann das Programm ändern!

Nun dient das ganze Warm- und Schwermachen des AT nur dem Abschalten und Entspannen. Ich (Bärbel) habe aber auch einmal einen Scharfschützen der alten Garde kennen gelernt. Zu seiner Zeit machte es noch Sinn, wenn man seine gesamte Körpertemperatur um mehrere Grade absenken konnte. Man konnte sich dann nämlich in Gräben verstecken und war für den Feind nicht aufspürbar, wenn dieser mit seinen Wärmesuchgeräten nach starken Wärmeherden (= Mensch) in der Umgebung suchte. Heute ist das kein Thema mehr, weil man längst technisch in der Lage ist Temperaturunterschiede von wenigen Grad in jeder beliebigen Umgebung aufzuzeichnen. Das geht so weit, dass bei Bränden der Brandherd mit dieser Technik aufgespürt wird, weil er sich immer durch einen kleinen Temperaturunterschied vom Restbrand unterscheidet.

Damals jedoch war man noch der Star der Truppe, wenn man seine Körpertemperatur möglichst weit absenken konnte. Und auch das ist durch bloße Übungen mit Gedankenkonzentration möglich. Die besten Resultate erzielten diejenigen, die sich am besten konzentrieren konnten, bei gleichzeitiger gelassener innerer Entspannung. Heute nutzt das, wie gesagt, nichts mehr, weil das dann doch keiner schafft, die Körpertemperatur auf 10°C oder so zu senken und dabei zu überleben.

Jener Ex-Scharfschütze war überhaupt ein lustiger Kerl. Er erzählte mir, dass man sich – ähnlich wie beim Golfspielen auch – innerlich leer machen müsse und nur noch einen Gedanken haben dürfe, nämlich den vom exakt getroffenen Ziel. Wie man dafür die Waffe halten müsse oder wie der Muskel anzuspannen sei und wann, warum, wie, wieso abzudrücken sei, sei unerheblich.

Wenn der Gedanke klar genug ist, übernimmt der Körper die Steuerung des Übrigen von alleine und man trifft genau ins Ziel. Gut, oder?

Wenn ich die Hand hebe, um mir einen Stift zu nehmen, ist mir das nicht bewusst, wie sehr der Gedanke so ganz nebenbei den Muskel lenkt, ohne dass ich weiß, wie er es macht. Ich finde daran nichts Besonderes. Wenn aber ein Scharfschütze immer ins Ziel trifft, auch auf weite Entfernungen, und er sagt mir, er mache sich innerlich leer und konzentriere dann seine Gedanken, um diese Präzision in seiner Bewegung zu erlangen, so erscheint mir das wie Magie.

Aber es ist die gleiche Art von Magie, mit der meine Gedanken Krankheit oder Gesundheit in meinem Körper erzeugen. Wen das schon mehrfach hier angeschnittene Thema Gesundheit näher interessiert: Nach Erkenntnissen der aktuellen Genforschung beruhen maximal zwei bis drei Prozent aller Krankheiten auf genetischen Defekten und der Rest entsteht durch unsere innere Einstellung zum Leben. Näheres dazu erfährt man bei dem Professor für Psychoimmunologie J. Bauer in seinem Buch *Das Gedächtnis des Körpers.*

Nehmen wir Cartoon-Zeichnen als ein ganz anderes Beispiel. Können Sie schlecht zeichnen? Prima, dann ist das folgende Experiment genau richtig für Sie. Versuchen Sie mal einen beleidigten Zwerg zu zeichnen, einen hochnäsig eingebildeten und einen dummen Zwerg (ich habe keine Vorliebe für negative Gesichtsausdrücke, diese ganz speziellen habe ich lediglich gewählt, weil ich denke, dass sie besonders schwierig zu zeichnen sind).

Wenn Sie nicht gut zeichnen können, werden Sie erst einmal keine Ahnung haben, wie Sie beispielsweise ein beleidigtes Gesicht malen sollen. Außer, und das ist der Clou dabei, Sie erzeugen das Gefühl von Beleidigtsein zuerst in sich selbst. Seien Sie, egal worüber, so richtig beleidigt. Schmollen Sie, was das Zeug hält, und lassen Sie den Stift, mit dem Sie zeichnen, ebenfalls beleidigt sein, wenn Sie jetzt das Gesicht des Zwerges einfach so aufs Blatt schmieren, werfen, kritzeln oder was auch immer. Sie werden sehen, Ihre Striche bekommen auf einmal so einen gewissen beleidigten Schwung. Und das genau ist das Geheimnis guter Cartoon-Zeichner. Sie fühlen sich selbst so wie die Figur, die sie zeichnen wollen, und dann entsteht der richtige Ausdruck automatisch. Sie vertrauen ihren Bleistift der Kraft ihrer Gedanken an (so wie der Scharfschütze seine Waffe und seine Muskeln dem sie steuernden, präsizen Gedanken überlässt) und schon erledigt er die Sache für sie, ohne dass sie einen Plan ausarbeiten müssen, wie ein beleidigter Zwerg aussieht.

Mit Musik ist es genau das Gleiche. Falls Sie ein Instrument spielen oder gerne Pianisten oder Klassikkonzerte live hören, ist Ihnen bestimmt auch schon aufgefallen, dass man Stimmungen (z.B. eine wehmütige wie bei der Moldau von Friedrich Smetana) versuchen kann nachzumachen, indem man langsamer spielt, die Finger zäher bewegt und streng auf den in der Partitur vorgegebenen Rhythmus achtet. Das klingt dann zwar in der Tat nicht sehr fröhlich, allerdings hat es, wenn man genau hinhört, etwas Mechanisches. Das Gefühl kommt nicht richtig rüber.

Geht so ein Konzertmusiker aber ganz in dem Gefühl auf, denkt er sich quasi vollkommen hinein, dann *ist* er auf einmal selbst die Moldau, die wehmütig dahinschwebt. Dann ist ihm egal, was im Detail das Notenblatt über Tempi und Co. erzählt. Er ist die Wehmut selbst in Person und das hört jeder. Da seufzen sie dann alle, die im Publikum sitzen und der Tempotaschentuchverbrauch steigt rapide an.

Wer dasselbe Stück spielt ohne Einsatz seiner Gedankenkraft, wer sich weder eindenkt noch einfühlt, der blickt allenfalls auf ein gähnendes Publikum.

Aber was hat das jetzt gleich noch mal mit meinem Leben zu tun?

Sie wollen beruflich erfolgreich sein, aber Sie spielen die Tasten des Berufserfolges so mechanisch wie der unfähige Pianist. Was glauben Sie, wird das Leben tun? Richtig geraten. Es wird Sie angähnen.

Sie wollen beruflich erfolgreich sein und all Ihr Denken und das daraus resultierende Fühlen sind erfüllt von diesem inneren Bild. Es quillt richtiggehend aus Ihren Poren hervor, man spürt es in Ihrer Aura, es lächelt bereits automatisch aus Ihrem Gesicht heraus und aus all Ihren Bewegungen. Was glauben Sie, wird das Leben tun? Nach einem rauschenden Applaus wird es Ihnen all das hinterher tragen, was Sie sich als Ziel ausgedacht haben. Logisch, es kann gar nicht anders. So wie ein gerührter Zuhörer nicht anders kann, als nach dem Taschentuch zu greifen, kann das Leben nicht anders als nach Ihren Erfolgen zu greifen und sie Ihnen zu bringen.

Sie persönlich haben das Leben beziehungsweise den Zuhörer dazu bewegt, weil dieses beziehungsweise dieser die lebendige Kraft in Ihnen gespürt hat und ihr nicht widerstehen konnte!

Beispiel Partnerschaft: Wenn Sie denken, Sie können nie und nimmer einen beleidigten Zwerg zeichnen, so wird dieser Gedanke Ihre Finger umkrampfen und Ihr Zwerg wird aussehen, als hätte er Asthma.

Denken Sie, bewusst oder unbewusst, Sie würden nie einen Partner finden, weil Sie einfach nicht liebenswert seien, dann wird dieser Gedanke Ihr ganzes Sein umkrampfen und Ihre ganze Erscheinung wird aussehen, als wären Sie tatsächlich nicht liebenswert. Was nicht sein kann, weil jeder in seiner tiefsten, ursprünglichsten Essenz liebenswert ist. Oder haben Sie schon einmal ein bösartiges Baby auf die Welt kommen sehen?

Denken Sie: »Heh klasse, so geht das also. Ich stelle mir Beleidigtsein möglichst lebhaft vor und schon wird irgendwie – Simsalabim – der Gesichtsausdruck meines Zwerges ein beleidigter sein, wenn ich ihn zeichne.« Dann wird der Zwerg auch so gucken.

Sind Sie einer von den Menschen, die davon ausgehen, dass jeder Sie mag, so werden Sie nach keinem Beziehungscrash lange warten müssen, bis der Nächste auftaucht, der Sie vergöttert. Denn das haben Sie ja schon immer gewusst, dass Sie nie lange alleine bleiben, wo doch alle Sie mögen. Dabei können Sie ruhig total langweilig sein und unsere Beispielperson von oben kann ein Supermodell sein – spielt keine Rolle.

Sie können sich, wenn Sie wollen, auch viel schlechter benehmen als das Supermodell. Wenn Sie sich für liebenswert halten und das Supermodell sich nicht, dann hat das Mädel keine Chance gegen Sie. Das ist Realität und Sie wissen es, wenn Sie einmal einen Moment innehalten und über beispielsweise alle Ihre Verwandten, Freunde und Kollegen nachdenken und darüber, wie bei denen das Verhältnis Selbstliebe und Beziehungen aussieht.

Sie alle schaffen es mit Ihren Gedanken und unbewussten Automatismen dem Musikstück, dem Zwergengesicht oder Ihrem eigenen Körperausdruck genau DIE Form zu geben, die zu Ihren Gedanken und Mustern passt. Das und nichts anderes werden Sie ausstrahlen, das und nichts anderes wird beim Gegenüber ankommen. So sicher wie jeder Laie hört, ob ein Pianist mit oder ohne Gefühl spielt, so sicher kommt irgendwie beim Gegenüber die Botschaft an, ob Sie liebenswert sind (bzw. sich dafür halten) oder nicht.

Wer formt also letztendlich mehr Ihr Leben? Die bloße Handlung (Klavier spielen, Zeichnen, Job oder Partnersuche) oder Ihre Gedanken und unbewussten Automatismen in der jeweiligen Angelegenheit?

Das gemeinsame Unterbewusstsein

Interessant wird es nun, wenn wir uns dieses Schema des Bewusstseins und Unterbewusstseins in der Verbindung von mehreren Menschen ansehen. Und da ergibt sich etwas wirklich Faszinierendes.

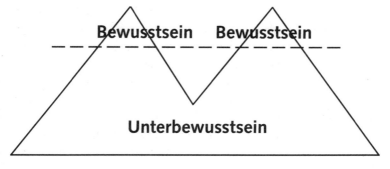

Es existiert zwischen den einzelnen »Unterbewusstseinen« jeweils eine Schnittstelle. Jeder Mensch ist also nicht ein in sich geschlossenes System, sondern die Informationen werden – unbewusst, ohne dass wir dies bewusst merken – weitergegeben. Diese Schnittstelle ist Grundlage für bestimmte Dinge wie Gedankenübertragung, Intuition oder auch die Liebe. Wie sonst wäre die »Liebe auf den ersten Blick« zu erklären, wenn nicht über eine Vielzahl unterbewusster Informationen.

Beweise für die Existenz dieser Schnittstelle wurden inzwischen in vielen wissenschaftlichen Bereichen erbracht. Allen voran in der Biologie mit ihrem namhaften Vertreter Rupert Sheldrake. Er nennt diese Verbindung »morphogenetisches Feld« und hat sogar eine Theorie für den Vorgang der Übertragung entwickelt. Danach »entstehen diese Felder durch eine genügend große Anzahl von Mustern, die dann durch eben die morphische Resonanz, also auf einer Art Gedächtnis beruhend, wiederentdeckt werden«. (Sheldrake, Das Gedächtnis der Natur)

Zur Erklärung das berühmte Beispiel der Affen:
Forscher fütterten auf einer Insel Affen mit Kartoffeln. Da die in den Sand geworfenen Leckereien nun verständlicherweise durch diese »Panade« wenig schmackhaft waren, begannen bald einzelne Affen die Kartoffeln zu waschen. Dies ahmten dann sehr schnell weitere Affen nach. Nachdem nun eine ausreichend große Anzahl Affen das Kartoffelwaschen betrieb, übertrug sich diese Handlungsweise plötzlich auf alle Affen. Aber das wirklich Erstaunliche daran war, dass nicht nur die Affen, die auf der Insel lebten, sondern auch alle andern, tausende von Kilometern entfernt lebenden Affen, dies nachahmten.
(Es waren übrigens die Rotgesichtsmakaken in Japan die 1953 das Kartoffelwaschen erfanden.)

Die Biologie spricht hier vom Prinzip des »hundertsten Affen«, ab dem diese morphische Resonanz zu Tage tritt.

Weniger bekannt und genauso eindrucksvoll ist ein ähnliches Beispiel mit Ratten. Der Heiler Clif Sanderson berichtete mir (Bärbel) von dem Experiment, das in den 60-er Jahren in Boston durchgeführt wurde.:

Dabei musste sich eine Ratte ihr Stück Käse in einem Labyrinth suchen. Zunächst verirrte sie sich naturgemäß des Öfteren, bis sie schließlich in der Lage war, sehr schnell und auf dem kürzesten Weg zu ihrem Käse zu gelangen.

Setzte man eine neue Ratte ins Labyrinth, suchte diese erst wieder eine ganze Zeit lang, bis sie sich den richtigen Weg erschnupperte. Auf einmal jedoch konnten es schlagartig alle Ratten derselben Rattenfamilie, selbst wenn sie zum ersten Mal ins Labyrinth gesetzt wurden.

Und nicht viel später konnte man Ratten weltweit in dieses, immer gleichstrukturierte Labyrinth setzen und sie fanden auf Anhieb den Käse. Sogar neugeborene Rattenbabys kamen bereits mit dem Wissen auf die Welt, wie man im Labyrinth auf Anhieb den Käse findet.

Kurze Zwischenfrage an Sie: Wer denken Sie, hat letztlich das größere Potenzial Informationen aus gemeinsamen Bewusstseinsfeldern abzurufen: Ratten oder Menschen?

Auch mit einer Reihe anderer Tierarten, mit Menschen und sogar zwischen Menschen und Tieren wurde inzwischen in teilweise ganz ähnlichen Experimenten die Existenz dieser Schnittstelle zweifelsfrei nachgewiesen.

Informationen, die von einem oder mehreren »Bewusstseinen« in das jeweilige Unterbewusstsein eingelegt wurden, sind von allen anderen Individuen ebenfalls abrufbar.

Am Beispiel Mensch zeigt sich dies auch deutlich in München beim Internationalen Patentamt. Hier gehen ganz häufig innerhalb kürzester Zeit die gleichen Patente aus unterschiedlichen Teilen der Erde ein, und zwar völlig unabhängig voneinander, ohne dass eine Verbindung bestanden hätte. Sobald eine Idee geboren wird, ist sie auch für alle anderen abrufbar.

Wenn wir uns daran erinnern, dass wir bei unserem »Ein-Perso-
nen-Modell« davon gesprochen haben, dass alle Dinge, die wir je
wahrgenommen und erlebt haben, im Unterbewusstsein gespeichert sind, so wird mir zumindest bei dieser Schnittstelle doch
leicht schwindelig.

**Alles, was je von einem Menschen gedacht wurde –
und dazu gehören ja auch alle Handlungen, Äußerungen,
Erlebnisse etc. – ist jedem anderen Menschen über das
gemeinsame Unterbewusstsein zugänglich.**

Woher sonst nehmen Menschen die Informationen, um über
einen ihnen Fremden detaillierte Angaben zu dessen Vergan-
genheit zu machen?
Personen, die einen so außergewöhnlich guten Zugang zu diesem
»Pott« haben, nennt man gemeinhin Hellseher oder Wahrsager.
Wenn auch eine Vielzahl hiervon, meines Erachtens (Clemens,
aber Bärbel stimmt auch zu), Scharlatanerie betreibt, so ändert
dies nichts an der korrekten Arbeit wirklich guter Hellseher.
Ich (Bärbel) habe viele davon persönlich erlebt und kennen
gelernt. Einige habe ich in meinen anderen Büchern detail-
lierter beschrieben, unter anderem Josef Mc Moneagle, der mit
seiner Art des Hellsehens (Fernwahrnehmung) schon entführte
Generäle, verschwundene Kinder sowie versteckte Waffen und
aus dem Krieg übriggebliebene Minen aufgespürt hat und dies
sogar schon öffentlich in Fernsehshows unter Beweis gestellt
hat (indem er drei von fünf seit langem verschwundene Personen wieder fand). 25 Jahre lang stand er mit diesen Fähigkeiten
im Dienst des Pentagon und ist nun schon seit vielen Jahren in
Rente. Ich hatte das Glück mich zweimal persönlich mit ihm
unterhalten zu können.
Was das Hellsehen angeht, sind allen voran hellsichtige Kinder
und Jugendliche zu nennen, die seit einigen Jahren vermehrt
geboren werden. Der Kinofilm »Indigo« von Stephen Simons
(*www.indigo-movie.com*) zeigt einen Kriminalfall, der von einem

solchen superhellsichtigen Kind gelöst wird. Das Ganze mutet wie ein Märchen an, aber solche Kinder gibt es wirklich und der Film soll eine erste Vorstellung davon geben, wie deren Leben aussieht (Bücher dazu siehe Literaturverzeichnis). Ein solches Mädchen im Teenageralter (und in echt, nicht im Film!) bemüht sich seit Jahren, die hellsichtigen Kinder der Welt zu vernetzen, damit sie sich nicht mehr so alleine fühlen. Sie sagt, es sei einfach schrecklich, wenn man von jedem Gegenüber die Gedanken automatisch lesen könne. Da sie sehr hübsch ist, machen ihr vor allem manche nach Sex lechzenden Gedanken junger Männer zu schaffen. Die Armen ahnen natürlich nichts davon, wie detailliert die junge Frau mitbekommt, was sie gerade denken.

Hellsichtige Kinder oder Jugendliche untereinander betreiben ganz automatisch eine starke Gedankenhygiene, da sie ja auch sofort mitbekommen, wenn ihr Gegenüber über einen Gedanken, den sie haben, erschrickt.

Aber auch hier treibt in der Gesellschaft zum Teil der reine Wahnsinn seine Blüten. Eltern von Kindern, die nichts weiter als verzogen sind, deuten das merkwürdige Verhalten ihrer Sprösslinge als Anzeichen besonderer spiritueller Fähigkeiten, dabei bräuchten nur die Eltern einen Erziehungskurs (vor allem einen Selbsterziehungskurs). Das erweckt bei kritischen Zeitgenossen natürlich sofort den Eindruck, dass es weit und breit keine wirklich hellsichtigen Kinder gibt. Kein Wunder.

Es gibt Lebensberater, die uns dabei unterstützen herauszufinden, was unser Unterbewusstes über das denkt, was wir bewusst von uns geben. Oft nämlich belügen wir uns einfach nur selbst und wir glauben uns unsere Märchen mitunter allzu gerne. Zum Glück gibt es Hilfe dafür, indem man mit den verschiedensten Techniken (Rückwärtssprache, Kinesiologie, RAC, Energiefeldmessungen, Lügendetektor, systemische Aufstellungen) erforscht, was das Unterbewusste von dem hält, was wir laut erzählen. Manch einer konsultiert solche Berater, um seine unbewussten Automatismen und tiefsten Glaubenssätze aufzudecken und aufzulösen.

Man kann sich das gar nicht vorstellen, was es da alles gibt, wenn man noch nie damit zu tun hatte.

Aber so verrückt manches für den »Einsteiger« oder »Mal-vorsichtig-Reinschnupperer« klingen mag – ist es nicht irgendwie schön, dass es offenbar so vielen ein echtes Bedürfnis ist, aufzuräumen in den alten Schubladen des Unterbewussten, um ein befreites, authentisches und selbstverwirklichtes Leben zu führen?

Und bei fast all diesen Methoden wird mit dem eigenen Bewusstsein in das gemeinsame Unterbewusstsein gegriffen und die entsprechenden Informationen »herausgeschöpft«. Dreh- und Angelpunkt ist hier die richtige »Schöpfkelle«. (Davon gibt es, wie gesagt, mehr als der Laie ahnt.)

Dieser Informationsaustausch funktioniert nun aber nicht nur innerhalb der Menschen, die gerade leben. Wir haben ja auch Informationen von unseren Eltern mitbekommen. Zum einen in Form von Genen, zum anderen aber eben auch über das gemeinsame Unterbewusstsein. Überlegen Sie, wie selbstverständlich unsere Kinder heute mit dem technischen Stand umgehen. Es ist für sie nicht erforderlich, dies neu zu lernen, sie »wissen« quasi schon um die Existenz dieser Dinge und nutzen sie einfach.

Wir haben also Informationen von unseren Eltern mitbekommen, doch damit ist die Reihe der Informationsübermittler nicht beendet. Denn unsere Eltern hatten ebenfalls ihre Eltern »angezapft« und diese wieder deren und so weiter und so weiter.

Im Grunde sind also alle Informationen seit Menschengedenken im gemeinsamen Unterbewusstsein enthalten, ein unerschöpflicher Fundus, den wir uns nur zu Nutze machen müssen. Und wie wir diese Quelle nennen, ob gemeinsames Unterbewusstsein oder morphogenetisches Feld, ob kosmische Intelligenz oder Natur ist gleich.

Es gibt Menschen, die nennen diese Quelle einfach »Gott«. Und diese innere Schöpferkraft ist auch mit dem Begriff »Gott« gemeint. (Der alte Mann mit dem erhobenen Zeigefinger auf Wolke 17 ist nur eine Darstellung der Kirche.)

Alles, was Sie sich je unter dem Begriff »Gott« vorgestellt haben, ist in Ihnen und Sie haben Anschluss daran. Sie sind die maßgebende Institution für Ihr Leben. Sie gestalten Ihr Leben mit wahrhaft »göttlicher« Kraft durch Ihre Gedanken.

Seien Sie sich im Klaren:
Sie sind der Schöpfer Ihrer eigenen Welt.

Das gemeinsame Unterbewusstsein

Diese Schnittstelle funktioniert nun aber nicht nur zwischen den Mitgliedern einer bestimmten Spezies, also z. B. nur zwischen Mensch und Mensch oder zwischen Hund und Hund. Diese Schnittstelle verbindet tatsächlich alles, was auf dieser Erde, sogar im gesamten Universum existiert. Dass wir uns dessen nicht bewusst sind, ändert nichts an dieser Tatsache. Wir können tatsächlich unbewusste Verbindung mit den Vertretern einer anderen Spezies aufnehmen.

Was anderes tut ein Mensch, der beim kleinsten Winseln seines Hundes genau weiß, was dieser will. Oder im umgekehrten Fall: Ist Ihnen schon einmal aufgefallen, dass Hunde es sehr wohl registrieren, ob Herrchen aufsteht, um mit ihnen Gassi zu gehen, oder ob er sich nur ein Bier aus dem Kühlschrank besorgt? Auch ohne dass nur ein Wort gefallen ist oder mit der Leine gerasselt wurde. Oder kennen Sie vielleicht auch Menschen, auf die alle Hunde allergisch reagieren, oder andere, denen jede Katze zutraulich entgegenläuft? Hier werden einfach Muster aus dem Unterbewusstsein der betreffenden Personen von den Tieren empfangen. Die erste Person hat vielleicht einmal schlechte Erfahrungen mit einem Hund gemacht und dies fest als Prägung verankert, die andere Person liebt einfach Katzen und diese merken das.

Auch jeder Reiter kann Ihnen bestätigen, dass bei einem gut eingespielten Team Pferd-Mensch weniger die Zügel oder die Gerte, als vielmehr die gefühlsmäßige Verbindung eine Rolle spielt.

Selbst mit Pflanzen können wir über dieses gemeinsame Unterbewusstsein kommunizieren:

Häufig liest man in Zeitschriften von erstaunlichen Züchtungen im Gartenbau. Fragt man den Gärtner nach seinem Geheimnis, so hört man sehr oft, dass er »einfach mit den Pflanzen rede« und sie darüber hinaus natürlich »liebe«. (Selbstverständlich ohne den zusätzlichen Einsatz von jeglichen fragwürdigen Mitteln und Methoden! Wer wird das, was er liebt, schon radioaktiv bestrahlen?!)

Gerade zu dem Verhältnis Mensch-Pflanze sind in den letzten Jahren und sogar schon Jahrzehnten erstaunliche Entdeckungen auch von wissenschaftlicher Seite gemacht worden.

Ein klassisches Beispiel:

Mit Hilfe von Elektroden eines Polygraphen (Lügendetektor), die an den Blättern eines Drachenbaumes befestigt waren, bemerkte ein gewisser Cleve Backster – Amerikas führender Lügendetektor-Experte – schon im Jahr 1966, dass die Pflanze auf seine Gedanken reagierte. Er musste nur in Erwägung ziehen, ein Blatt der Pflanze mit einem Streichholz zu versengen, und schon schlug die Nadel aus. Näherte er sich jedoch mit einem brennenden Streichholz, ohne böse Absicht, ließ dies die Pflanze »kalt«.

Eine Unmenge weiterer Versuche wurde und wird bis zum heutigen Tage durchgeführt und alle zeigen das gleiche Ergebnis: Pflanzen sind in der Lage, Informationen von uns Menschen auf unterbewusstem Wege zu empfangen – besser sogar als wir Menschen selbst. Diese Verbindung besteht sogar zwischen Tieren und Pflanzen.

So hat ein Philodendron auf einem Aufzeichnungsgerät schier panische Reaktionen gezeigt, als in einem Nachbarzimmer ein lebender Hummer in kochendes Wasser geworfen wurde.

Offensichtlich sind wir Menschen in dieser Fähigkeit noch etwas zurück. Wir konzentrieren uns auf unsere fünf Sinne und vergessen dabei, dass es darüber hinaus noch so unendlich viel mehr gibt.

Trainieren Sie sich doch etwas in dieser »nonverbalen Kommunikation«, indem Sie ab und zu einmal gedanklichen Kontakt mit Tieren aufnehmen oder sich einfach mal mit einem alten Baum unterhalten. Sie werden sehen, es macht – nach anfänglichen Hemmungen – wirklich Spaß und mit der Zeit werden Sie ein wirkliches »Gespräch« führen können.

Probieren Sie es aus!

Die Zeiten, dass man dafür auf dem Scheiterhaufen verbrannt wurde, sind – Gott sei Dank – längst vorbei.

Und wenn eine Pflanze weiß, wann im Nebenzimmer ein Hummer gekocht wird, dann kann es nicht sein, dass *Ihnen*, als Krönung der Schöpfung, jeder Sinn für eine solche Wahrnehmung fehlt. Machen Sie sich das klar: Die Wahrnehmung *muss* da sein. Sie ist nur verschüttet. So wie ein Muskel, den man eingipst oder länger nicht benutzt, schlaff wird, so muss auch diese Art von Feinwahrnehmung völlig neu trainiert werden, wenn sie seit Generationen eingeschlafen ist. Aber ich (Bärbel) weigere mich zu glauben, dass Pflanzen grundsätzlich schlauer wären als Menschen, was diese Art von Kommunikation angeht.

Die Wirkungsweise des gemeinsamen Unterbewussten

Die Informations-Übertragung

Zur Erinnerung: Wir hatten gesagt, dass Gedanken, die oft genug und/oder mit großem Gefühl ablaufen, zu einem Automatismus im Unterbewusstsein führen und uns in unserem Verhalten entsprechend dieser Prägung beeinflussen.

Gedanken sind ja nun eine Form von Energie. Und genau wie man andere Formen der Energie graphisch darstellen kann, so kann man dies – der Anschaulichkeit wegen – auch bei unseren Gedanken tun. Wir nehmen zur Darstellung die Form von Wellen. Jeder Gedanke entspricht also einem bestimmten Wellenmuster. So hat auch jedes Gedankenmuster, das im Unterbewusstsein abgelegt ist, ein ganz spezifisches Wellenmuster. Und dieses Wellenmuster senden wir – durch die Schnittstelle – zu allen anderen.

Treffen wir nun auf Menschen, die uns auf Anhieb sympathisch sind, so liegt das daran, dass Prägungen in unserem Unterbewusstsein auf Prägungen beim anderen treffen, die identisch sind. Wir sprechen ja auch wortwörtlich davon: »Wir sind auf der gleichen Wellenlänge.« Und diese Sympathie erleben wir sofort, auch wenn wir erst Stunden oder Tage später erfahren, wie viele Überzeugungen, Neigungen, Interessen, eben Prägungen, identisch sind. Sind nun viele Prägungen gleich, so spricht man von Freundschaft, sind es sehr viele, von Liebe.

Und dann passiert es auch immer wieder, dass sich der eine oder der andere verändert, dass er auf einmal andere Prägungen hat. Dann passen die Wellenlängen natürlich nicht mehr zueinander – und die Liebe ist dahin.

Diese Schnittstelle, dieses gemeinsame Unterbewusstsein, hat nun verschiedene Auswirkungen in unserem Leben. Die erste ist die oben schon erwähnte »Informations-Übertragung«. Das heißt, die Prägungen in unserem Unterbewusstsein beeinflussen nicht nur die Punkte aus dem Modell für eine Person, sondern sie werden auch zu den anderen übertragen.

Beispiel: Stellen Sie sich vor, Sie möchten sich für eine neue Stelle bewerben und haben auch schon einen Termin für ein Vorstellungsgespräch. Jetzt haben Sie im vorangegangenen Abschnitt über das Bewusstsein und das Unterbewusstsein erfahren, dass unser Verhalten ganz wichtig ist und Sie besuchen nun also ein Bewerbertraining, wo Sie das richtige Verhalten erlernen können. (Das gibt es wirklich!) Dort lernen Sie auch die richtige Körpersprache, um also auch nonverbal zu überzeugen. Außerdem achten Sie selbstverständlich auf Ihr Aussehen – Sie werden sich entsprechend der möglichen zukünftigen Aufgabe kleiden und vielleicht sogar vorher noch zum Friseur gehen. Ihre Figur werden Sie vermutlich nicht so auf die Schnelle ändern können, aber Sie werden sich wohl so kleiden, dass Sie dynamisch erscheinen. Und mit einer dicken Grippe gehen Sie bestimmt nicht zu einem Vorstellungsgespräch, also sind Sie auch zum Thema Gesundheit bestens gerüstet. Alle Punkte aus dem oben beschriebenen Modell sind also zur vollsten Zufriedenheit erledigt.

Und nun sitzen Sie also dem potenziellen Chef gegenüber und erzählen ihm – von Ihrem Bewusstsein zu seinem Bewusstsein –, was Sie für eine tolle Frau oder ein toller Mann für diesen Job sind. Das ist die Kommunikation quasi »oben rum«.

Tief unten in Ihrem Unterbewusstsein sitzt nun aber vielleicht eine uralte Prägung aus Ihrer Kindheit, die heißt »Aus mir wird nie etwas!«. Irgendjemand aus Ihrem Umfeld hat Ihnen vielleicht immer wieder diese Negativbotschaft förmlich eingetrichtert.

Und auch diese Botschaft wird zu Ihrem Gegenüber gelangen – eben unterbewusst über diese Schnittstelle, quasi »unten rum«. Je nach Empfindsamkeit wird der potenzielle Chef dies als »Gefühl«, »Intuition« oder auch »sechsten Sinn« bezeichnen. Auf jeden Fall aber wird er auch diese Empfindung mit in seinen Entscheidungsprozess einfließen lassen und dann vielleicht spontan zu Ihnen sagen: »Vielen Dank, wir telefonieren dann. Rufen nicht Sie uns an, wir rufen Sie an!« Und das war's dann!

Das heißt, dass diese unterbewusste Informationsübertragung alle noch so gut einstudierten Techniken zunichte machen kann. Alles was »oben rum« läuft ist quasi wie ein Kasperletheater, bei dem die Spieler hinter der Abdeckung allerdings sichtbar sind.

Der zweite Punkt, der durch die Querverbindung der einzelnen »Unterbewusstseine« verursacht wird, ist die so genannte »gefilterte Wahrnehmung«.

Die gefilterte Wahrnehmung
Überlegen Sie sich einmal, wie viele Informationen täglich auf uns einströmen und wie viele wir davon wirklich registrieren. Abgesehen von der Lufttemperatur und -feuchtigkeit, dem Druck der Kleidung auf der Haut, allen Nebengeräuschen und vielem

mehr, das unserer Aufmerksamkeit im Normalfall sowieso entgeht, auch von den anderen Dingen bemerken wir doch tatsächlich nur, was uns wirklich interessiert – also das, womit wir uns häufig beschäftigen und von dem wir daher ein entsprechendes Muster im Unterbewusstsein haben.

Jeder kennt folgende oder eine ähnliche Situation: Sie wollen sich ein neues Auto kaufen und haben sich inzwischen auf eine Marke und ein bestimmtes Modell festgelegt. Und plötzlich fährt »jeder« nur noch diesen Wagen. »Andauernd« kreuzt einer Ihren Weg. Bisher gab es gar nicht so viele davon! (Natürlich gab es schon so viele, Sie haben sie nur nicht bemerkt.)

Das Prinzip ist das gleiche wie beim Radio oder Fernsehen: In der Luft gibt es – sagen wir – hundert verschiedene Sender. Auf dem Tisch steht nun ein Radio, das genau auf einen Sender, auf eine Wellenlänge eingestellt ist. Dieses Radiogerät filtert nun genau diesen Sender aus der Vielzahl aller Sender heraus. Und wenn man es fragen könnte, wie viele Sender es denn wohl gäbe, würde es im Brustton der Überzeugung »einen« sagen.

Und genau so nehmen wir, aufgrund der Wellenlänge der Muster in unserem Unterbewusstsein, in unserer Umwelt nur die Dinge wahr, die dieser Wellenlänge entsprechen. Selektierte, gefilterte Wahrnehmung also aufgrund unserer Interessen und Neigungen, unserer Überzeugungen und Vorstellungen.
Das ist auch ganz sinnvoll: Was interessieren mich in einem Park die umherlaufenden Hunde, wenn ich Gänseblümchen-Fan bin? Ich werde also jedes noch so kleine Blümchen finden, und wenn mich abends jemand nach der Anzahl der Hunde im Park fragt, muss ich passen.
Auf der anderen Seite ist diese selektierte Wahrnehmung allerdings auch problematisch. Die Muster in unserem Unterbewusstsein sind ja häufig gar nicht so positiv.
Bin ich nun jemand, der sich fürchterlich über Verunreinigung

von Parks durch Hundekot aufregt, dann werde ich auch eben nur diese feststellen. Ich werde genau wissen, wie viele Hunde da waren und wie viele Häufchen sie an diesem Tag gelegt haben. Und ich werde vermutlich nicht ein einziges Gänseblümchen bemerken – außer ein Hund war so nett, seine Fäkalien in ein wunderschönes Gänseblümchenfeld zu legen.

In beiden Fällen handelt es sich um das gleiche Prinzip: Wir nehmen genau das wahr, was unserer Wellenlänge entspricht. Nur werde ich im zweiten Fall den Tag wohl kaum genossen haben. Eigentlich schade, bei so vielen Gänseblümchen!

Stellen Sie doch einmal eine Gruppe von Menschen in einer Reihe nebeneinander auf und bitten Sie jeden das, was er gerade sieht, zu beschreiben. Obwohl alle objektiv das Gleiche wahrnehmen müssten, werden Sie doch ausnahmslos unterschiedliche Berichte bekommen.

Die Wahrnehmung ist von unseren Prägungen abhängig und diese sind individuell verschieden.

Es gibt also im Grunde keine objektive Wahrheit, denn »Wahrheit« ist das, was ich für »wahr halte«. In unserer realistischen Welt hält man aber nur das für wahr, was man mit seinen fünf Sinnen erfassen kann. Und eben die Wahrnehmung über die Sinne ist – wie wir gesehen haben – von der inneren Einstellung, den Erwartungen abhängig, also eben doch subjektiv.

Diese gefilterte Wahrnehmung hat noch einen weiteren Haken: Wir bilden uns über eine Sache eine ganz bestimmte Meinung, indem wir den gleichen Gedanken immer wieder denken. Wir automatisieren das Ganze im Unterbewusstsein. Aufgrund dieser Prägung haben wir eine begrenzte Wahrnehmung und bemerken also primär die Dinge, die dieser Meinung entsprechen.

Und dann sprechen wir – oft ganz großspurig – von unseren »Erfahrungen«. (Nach dem Motto: »Siehst du, ich habe es genau gewusst!« Dabei haben wir es nicht vorausgesehen. Wir haben es vielmehr verursacht durch unsere Prägungen!)

Und diese Erfahrungen wiederum bestätigen uns in unseren Überzeugungen, wir denken den gleichen Gedanken ja nochmals und festigen so das Muster. Ein Teufelskreis.

Als Beispiel möchte ich hier Ludwig anführen, einen Vertreter jener Menschen, die der Meinung sind, dass »die Welt schlecht ist, früher alles besser war und andere ihn nur übers Ohr hauen wollen«. Aufgrund dieser Einstellung filtert er auch tatsächlich nur die negativen Aspekte aus seinem Leben, stärkt dadurch seine Prägung, verhält sich entsprechend und erntet dann natürlich wieder genau das, was er erwartet.

Diesen Teufelskreis können wir nur dadurch durchbrechen, dass wir – trotz unserer »Erfahrung« – einfach Gedanken in unser Unterbewusstsein senken, die nicht der so genannten Realität entsprechen, sondern das beinhalten, was wir gerne hätten.

Unterbewusste gefilterte Wahrnehmung
Um das Ausmaß der gefilterten Wahrnehmung – einzeln und kollektiv – zu begreifen, wollen wir uns einen kleinen Exkurs von Prof. Dürr zu Gemüte führen.
Werden wir zum ersten Mal mit Themen wie den bisherigen konfrontiert und haben wir noch nie etwas davon gehört, dass wir
• mit unseren Gedanken und Vorstellungen von der Welt,
• mit unseren unbewussten Automatismen und
• durch unsere gefilterte Wahrnehmung
unsere Realität mit gestalten und formen, dann scheint uns das im Gegensatz zur gängigen wissenschaftlichen Lehrmeinung zu stehen. Denn nur allzu oft vermittelt uns diese den Eindruck, es gäbe eine objektive Welt und subjektive Eindrücke hätten nur mit Psychologie etwas zu tun, würden aber an der einen großen wirklichen Wirklichkeit nichts verändern. Um uns ein bisschen frei zu machen von zu steifen Vorstellungen über unsere Wirklichkeit, möchte ich hier mit freundlicher Genehmigung des Global Challenges Network e.V. Prof. Dr. rer. nat.

Hans-Peter Dürr, Elementarteilchenphysiker und Träger des alternativen Nobelpreises, aus seinem Vortrag im Deutschen Museum, München, aus der Reihe »Wissenschaft für jedermann«, 1998 zitieren:

> »Unsere Wahrnehmung von der Wirklichkeit, auch die wissenschaftliche Wahrnehmung in ihrer verschärften Form, gleicht mehr einem Fleischwolf. Oben wird die Wirklichkeit hineingestopft und vorne kommen die Würstchen heraus. Die ganze Welt ist also aus ›Würstchen‹ zusammengesetzt. Das hat mit der eigentlichen Wirklichkeit nichts mehr zu tun.«

Über diesen Kommentar von Prof. Dürr könnte ich (Bärbel) stundenlang lachen. Es liegt so eine große Erleichterung darin, wenn man wie ich zu den Leuten gehört, die sich tatsächlich ein bisschen wie durch den Wolf gedreht fühlen, bei dem, was wir im Allgemeinen so von unserer Realität glauben sollen.

Der Astrophysiker Eddington wirft auf ähnliche Weise der Wissenschaft in einem Gleichnis vor, sie reduziere die Realität auf eine Art Fisch. Und als Fisch wird nur das akzeptiert, was in die Netze der begrenzten wissenschaftlichen Vorstellungen passt. Alle Fische, die zu klein für die Maschen des Netzes sind und die durchschlüpfen, gelten als nicht real. Oder anders gesagt: Nur was sich innerhalb der relativ groben Möglichkeiten der Wissenschaft brav erforschen lässt, wird als real akzeptiert.
Aufgrund dieser Kurzsichtigkeit können laut Prof. Dürr auch Religionen nie in Konflikt mit der Wissenschaft geraten. Weil Religionen sich auf eine Realität beziehen, die kleiner als die Maschen im Netz der Wissenschaft ist. Sie beziehen sich auf etwas, für das die wissenschaftlichen Erforschungskriterien zu primitiv sind und das von ihnen somit nicht erfasst werden kann.
Aufgrund der Grenzen des wissenschaftlichen Denkens aber grundsätzlich nur an große Fische, die ins Netz passen, zu glauben, beschreibt unsere Wirklichkeit nicht zutreffend.

Materie ist eine geronnene Struktur von beiseite gelassenen Möglichkeiten, hängen geblieben in der Zeit. »In gewisser Weise ist die Materie eine Kruste des Geistes, eine Art verkrusteter Geist«, um wieder Dürr zu zitieren. Selbst Materie ist somit nicht so stabil und vorhersagbar, wie wir früher angenommen haben. Mehr als 99 Prozent der Materie ist Vakuum, das Universum ist somit überwiegend leer. Partikel verschwinden und erscheinen darin. Es ist nichts Solides vorhanden. Laut US-Forschern ist das Solideste an der ganzen Materie die konzentrierte Information, die sie enthält.

Wen wundert es da noch, dass Visualisationstechniken und Mentaltrainings eine so große Verbreitung gefunden haben? Sie sind der unbewusste Versuch, der Materie neue Ideen zu geben. Ein guter und nutzbringender Gedanke, wie ich finde. ☺

Wie sieht die Wirklichkeit denn dann aus?
Zitat aus dem aktuellen US-Film *What the bleep do we know?*
»Wer nicht neugierig auf solche Fragen ist, ist ganz offenbar zu drei Viertel schon tot.«

Prof. Dürr formulierte kurz, knapp und genial in einem seiner Vorträge, 1999, dass ein Elektron eigentlich nur eine Art Erwartungsfeld sei, ein Feld an Möglichkeiten, nichts weiter. »Dieses Erwartungsfeld entwickelt sich in die Zukunft wie eine Welle, und dann gerinnt gewissermaßen, an einem anderen Ort ein neues Elektron. Das messe ich. Zwischen den beiden Orten ist überhaupt nichts gelaufen. Das Elektron ist vielmehr an einem Ort verschwunden und neu an einem zweiten entstanden.«
Auch Heisenberg sagte schon zu seiner Zeit, Elektronen oder Atome seien keine Dinge, sondern nur Tendenzen. Heute sehen viele moderne Forscher sie nur noch als »Möglichkeiten des Bewusstseins«!
Manch einem ist diese Vorstellung zu abstrakt, weil ein Elektron ja nur so ein kleines Ding ist, das da irgendwo um einen Atomkern herumschwirrt. Aber die gesamte materielle Welt

besteht aus nichts anderem als solchen Atomen. Unsere ganze Welt besteht somit aus nichts anderem als Erwartungsfeldern, die an einem Ort verschwinden und an einem anderen wieder auftauchen. Wie kommt es dann, dass unsere ganze Welt sich nicht ständig chaotisch verändert, wenn sie doch offenbar jeden Augenblick verschwindet, um sich gleich darauf selbst wieder neu zu erschaffen?

Prof. Dürr: »Materie ist etwas, was sozusagen keine neuen Einfälle hat.« Sie kopiert sich deshalb einfach immer wieder selbst. Wir können uns das anhand unserer eigenen Gedanken vielleicht am besten vorstellen: Jedes Mal, wenn wir einen konkreten Gedanken fassen, begehen wir, laut Dürr, Massenmord an den vielen Optionen, was wir stattdessen hätten denken können. In diesem Augenblick gerinnt das Feld unserer möglichen Gedanken zu einem einzigen, den wir dann tatsächlich denken.

Prof. Dürr vergleicht die Wirklichkeit gelegentlich auch mit einem Gedicht. Nehmen wir also an, unsere Wirklichkeit sei ein Gedicht. Wenn ich die Sprache des Gedichtes nicht verstehe, sondern nur die gleichen Buchstaben zusammenzähle, aufliste und eine Statistik darüber erstelle, dann reicht dieses wissenschaftliche Verständnis des Gedichtes offenbar aus, um technische Dinge daraus herzustellen, wie Autos zu bauen und so weiter. Aber vom wirklichen Verständnis des Gedichtes ist uns bei dieser Vorgehensweise nichts, aber auch rein gar nichts übrig geblieben.

Ein Dank an Professor Dürr für seine humorvolle und wertvolle Arbeit für diese Welt.

Wer mehr über ihn und seine Arbeit sowie Vortragstermine erfahren will, kann das im Internet tun unter *www.gcn.de*

GCN ist eine Gesellschaft, die zu globalem Denken und vernetztem Handeln einlädt, um die Zukunftsfähigkeit unseres Planeten zu sichern. Anschrift GCN (von Prof. Dürr gegründet, er ist Gründer und Vorstandsvorsitzender des Vereins):

Global Challenges Network e.V., Frohschammerstraße 14
80807 München, Tel. 089-3598246

Nun wollen wir die gefilterte Wahrnehmung näher betrachten. Die gefilterte Wahrnehmung bezieht sich nicht allein auf unsere Wahrnehmung mit den fünf Sinnen. Da die Informationen ja zum Großteil unterbewusst ausgetauscht werden, findet natürlich auch hier diese Auswahl statt. Wenn wir uns aus einer Vielzahl von möglichen Partnern zum Beispiel spontan für einen bestimmten entscheiden, so immer deshalb, weil die Prägungen dieses Menschen identisch sind mit unseren Überzeugungen über einen möglichen Partner. Ob die nun positiv oder negativ sind, spielt dabei keine Rolle.

Sie bekommen zum Beispiel als Frau die Aufgabe, aus einer Gruppe von Männern, die Ihnen alle gänzlich unbekannt sind, sich spontan einen herauszusuchen. Sie können sicher sein, dass Sie genau den Mann finden werden, der Ihrem Bild »des Mannes« entspricht. Wenn Sie also vielleicht der Meinung sind, dass Männer nichts im Haushalt tun, dann werden Sie genau einen solchen finden. Auch wenn es unter allen zur Auswahl stehenden Männern nur einen einzigen davon geben sollte!

Wir wählen uns immer die Menschen, die die gleiche Wellenlänge haben wie wir. Eben wieder genau wie beim Radio.

Oder das Beispiel der Frau, die vier verschiedene Partner »erwischte«, die sie alle schlugen. Nicht dass sie es mochte, nein, im Gegenteil. Und die Neigungen der Männer waren auch immer erst nach einiger Zeit zu Tage getreten. Es gab – rein äußerlich – auch keinerlei Ähnlichkeit zwischen den Männern. Bis die Frau – in der Zwischenzeit mit den psychischen Grundlagen vertraut – bemerkte, dass es wohl an ihr selbst liegen müsse. Und sie erinnerte sich, dass ihr Vater früher ihre Mutter geschlagen hatte. Dieses Erlebnis hatte sich in dem kleinen Kind so fest als Prägung verankert, dass es quasi normal war, dass Frauen von den Männern körperlich gezüchtigt werden. Und bei der Wahl ihrer Partner hatte sie sich jedes Mal – unbewusst natürlich – für einen Menschen entschieden, der dieser Prägung entsprach.

Weitere Beispiele, die viele sicher kennen:

Viele Menschen, die im so genannten fortgeschrittenen Alter (wieder) einen Partner suchen, sind der Überzeugung, dass »in ihrem Alter« alle möglichen Partner entweder verheiratet sind oder dass »etwas« mit ihnen nicht stimmt (sonst wären sie ja verheiratet!).

Diese Überzeugung führt nun dazu, dass diese Menschen tatsächlich immer nur die potenziellen Partner treffen, die wirklich verheiratet sind oder bei denen wirklich etwas nicht stimmt.

Alle anderen bemerken sie aufgrund der gefilterten Wahrnehmung einfach nicht. Diese entsprechen ja nicht ihrer Wellenlänge.

Sie kennen bestimmt die Situationen, in denen Sie – anscheinend wider jede Vernunft – ein bestimmtes Gefühl haben. Da sitzen Sie einem Menschen gegenüber, der Ihnen – bewusst betrachtet – ganz sympathisch sein müsste. Aber irgendwie haben Sie da so ein komisches Gefühl im Magen.

Nun, Sie erhalten einfach unterbewusste Informationen, die nicht mit Ihrer Wellenlänge übereinstimmen. Es gibt eine Disharmonie.

Sie fühlen, was wirklich in diesem Menschen vorgeht, egal, was er Ihnen erzählt. Und Sie haben somit eine bessere Möglichkeit, auf diese Person zu reagieren.

Dieser ganzheitliche Informationsempfang – bewusst über die fünf Sinne und unterbewusst über das Gefühl – ist natürlich sehr viel aussagekräftiger als nur der erste Weg. Und diesen zweiten Weg benutzen wir alle täglich, nur meist sind wir uns dessen nicht bewusst und, sollten wir es einmal merken, misstrauen wir ihm für gewöhnlich. Dabei ist er sehr viel wertvoller als unsere Logik.

Gefilterte Wahrnehmung von außen zu uns
Diese gefilterte Wahrnehmung funktioniert nun natürlich nicht nur für Informationen, die wir empfangen, sondern auch umgekehrt. Genau wie wir unsere Umgebung gemäß unserer Überzeugungen wahrnehmen, tun es natürlich auch alle anderen.

Setzen wir also die Frau aus unserem Beispiel vorhin mit den Män-
nern, die sie geschlagen haben, alleine in ein Café – der erste Mann,
der sie anspricht, ist vermutlich ein potenzieller Schläger. Es ist doch
völlig egal, aus welcher Richtung es kommt. Ob er ihr sympathisch
oder sie ihm sympathisch ist, ist doch egal. Die Wellenlänge ist die
gleiche.

Und so wirken wir also, aufgrund unserer inneren Muster, auch
auf die anderen. Nicht genug, dass wir unsere Prägungen, unsere
Überzeugungen in unserem Äußeren kundtun durch unser Verhalten, die Kleidung, die Körperpflege, die Haltung, die Sprache,
die Gestik, den Tonfall u.v.m. – alles Dinge, die unser Gegenüber
mit den fünf Sinnen wahrnehmen kann.
Auch wenn wir uns noch so gut nach außen »verkaufen« können,
werden die unterbewussten Informationen bei der Umwelt immer
ankommen. Der andere wird es fühlen, ob er sich dessen bewusst
ist oder nicht. Und er wird sich von diesem Gefühl beeinflussen
lassen, ebenfalls ob er sich dessen bewusst ist oder nicht. Natürlich gibt es genügend Beispiele, in denen skrupellose Betrüger
nach außen »den Seriösen« mimen und ausreichend Kundschaft
finden, ohne dass die es »fühlen«.
Dies hat jedoch zwei einfache Gründe:
Zum einen sind wir in unserer westlichen Industriegesellschaft
sehr »verkopft«, d. h., wir haben es verlernt, auf unser Gefühl zu
hören und entscheiden alles ganz logisch. Nur – logische Argu-
mente haben zumindest intelligente Betrüger immer ausreichend
zur Hand.
Der andere Grund ist folgender: Viele Menschen sind der Überzeugung, dass es in unserer Gesellschaft geradezu von Betrü-
gern wimmelt. Jeder will einem ans Geld ohne entsprechenden
Gegenwert bieten zu können. Wenn nun unser Gauner gerade
mit einem solchen Menschen zu tun hat, dann wird dieser ein
»gutes« Gefühl dabei haben. Das, was nämlich unterbewusst
von dem Betrüger rüberkommt, entspricht genau dem, was das
Opfer gespeichert hat.

Dass das Opfer nach dem Entdecken des Schwindels überhaupt kein gutes Gefühl mehr hat, hat damit nichts zu tun. Wichtig ist die Gleichschwingung der Prägungen, die sich richtiggehend gegenseitig anziehen. Und das können wir fast wörtlich nehmen.

Zu einem Verbrechen – um bei dem Beispiel zu bleiben – gehören immer mindestens zwei. Das Opfer und der Täter. Das Opfer sendet seine Überzeugungen in Form einer ganz bestimmten Wellenlänge »in den Äther« – konkret in das gemeinsame Unterbewusstsein. Der Täter, auf der Suche nach einem möglichen Opfer, klopft seinerseits nun den Äther nach Wellenlängen ab, die den eigenen entsprechen – ohne dass er sich dieses Vorganges bewusst ist. Und er wird genau den Menschen finden, der seiner kriminellen Wellenlänge entspricht.

Ich möchte damit, um Gottes willen, nicht sagen, dass alle Opfer ebenfalls Kriminelle sind. Aber alle Opfer haben – irgendwo in ihrem Unterbewusstsein – eine Prägung verankert, die damit gleich schwingt. Das kann zum Beispiel eine massive Angst sein, mit der sie früher oder später das Befürchtete wie magnetisch anziehen. Wie die Frau, die sich vor schlagenden Männern fürchtet und sie dennoch magnetisch anzieht.

Weitere solche Prägungen können zum Beispiel lauten: »Die Welt ist schlecht und voller Gauner« oder »Ich habe Angst, überfallen zu werden« oder »Es passiert in letzter Zeit wieder so viel« oder, oder, oder.

Erinnern Sie sich an das Kampfhundthema? Irgendwann fiel ein solcher Hund einen Menschen an, die Presse machte einen Riesenrummel daraus und das Ergebnis war auf einmal eine Serie von Unfällen mit Kampfhunden. Wieso? Die Menschen hatten sie Kraft gemeinsamer Anstrengung kollektiv herbeigefürchtet. Was nicht heißt, dass warnen oder informieren grundsätzlich schlecht und verdammenswert ist. Doch wenn das Warnen und

Informieren in ein Ängste schüren ausartet, erreicht man damit das genaue Gegenteil, nämlich mehr von dem, was man doch so dringend vermeiden wollte! Das gleiche System – um auf eine erfreulichere Thematik zu kommen – funktioniert natürlich auch bei positiven »Verhältnissen«: Geschäftspartnern, Verkäufer-Kunden oder zwischen Mann und Frau.

Sind Sie also auf der Suche nach – sagen wir – einem neuen Geschäftspartner, so müssen Sie zunächst einmal Ihr Unterbewusstsein mit den nötigen Informationen vertraut machen. Wenn Sie sich nicht ganz klar darüber sind, welche Qualitäten Ihr neuer Kompagnon mitbringen soll, und diese dann auch nicht als Muster in Ihrem Unterbewusstsein verankern, werden Sie entweder keinen Partner bekommen oder einen, der einem alten Muster in Ihnen entspricht. Wenn Sie keine Ahnung haben sollten, ob ein solches Muster bereits vorhanden ist und wie es aussieht, werden Sie dies spätestens dann wissen, wenn der neue Mann/die neue Frau vor Ihnen steht.
Beschweren Sie sich dann aber bitte nicht, wenn die Person Ihnen nicht gefällt. Sie entspricht hundertprozentig Ihren inneren Prägungen.

Fassen wir zusammen:
Alles, was wir oft genug und/oder mit größtmöglicher emotionaler Anteilnahme denken, tun, sagen und wahrnehmen, wird in unserem Unterbewusstsein als Automatismus abgelegt.
Dieses Muster führt dazu,
1. dass wir in unserem Verhalten entsprechend gesteuert werden,

2. dass wir in unserer Körperlichkeit gesteuert werden in Bezug auf Körpersprache, Aussehen, Figur und Gesundheit,

3. dass wir diese unterbewussten Informationen an unsere Umwelt weitergeben (ob wir dies wollen oder nicht),

68

4. dass wir die Umwelt gemäß der Muster gefiltert wahrnehmen (mit unseren fünf Sinnen, aber auch unbewusst)

5. und dass wir von unserem Umfeld gemäß unserer Muster wahrgenommen werden (ebenfalls über die fünf Sinne und unbewusst).

Alles, was uns passiert (oder nicht passiert), wie es uns geht, in welchen Verhältnissen wir leben und arbeiten, hat also ursächlich mit der Art unserer Gedanken zu tun. Wenn Sie zu dieser Tatsache bedingungslos »ja« sagen, haben Sie alle Chancen im Leben.

Bei positiven Ereignissen sind wir ganz schnell dabei, die Verantwortung dafür zu übernehmen. Erfolg haben immer wir verursacht. Negative Dinge haben meist die anderen verschuldet. Immer finden wir Gründe, was andere oder äußere Umstände zum Misserfolg beigetragen haben.

Doch erst, wenn Sie wirklich »ja« sagen zu allem in Ihrem Leben, wenn Sie wirklich die Verantwortung für alles übernehmen, was in Ihrem Leben je passiert ist, haben Sie die Chance, alles in Ihrem Leben alleine – ohne äußere Einflüsse – zu verändern.

Sie haben die Kraft!

Andere Menschen
spiegeln uns unsere eigenen
inneren Überzeugungen wider.
Auch unsere Lebenssituation
ist ein Spiegel unserer
unterbewussten Prägungen.

Deshalb: Wenn du
die Welt verändern willst,
musst du dich selbst verändern!

Der Spiegel

Wenn es also so ist, dass wir immer nur das wahrnehmen, was in unserem Unterbewusstsein als Muster vorhanden ist, so kann man die Personen und Situationen in unserem Umfeld auch als Spiegel für uns bezeichnen.

Und tatsächlich – so unglaublich es vielleicht klingt – spiegelt uns unsere Umgebung lediglich unsere inneren Überzeugungen wider. Um dies etwas deutlicher werden zu lassen, unterteilen wir die möglichen Spiegel zunächst einmal, grob gesehen, in Menschen und Situationen.

Beginnen wir bei den Menschen: Alles, was uns bei anderen Menschen besonders auffällt, ob nun positiv oder negativ, hat tatsächlich immer mit uns und unseren inneren Prägungen zu tun.

Da wir gemeinhin dazu tendieren, positive Eigenschaften bei anderen zu übersehen oder aber deren Träger als gerade mal »nett« einzustufen, wollen wir uns hier schwerpunktmäßig den negativen Gewohnheiten unserer lieben Mitmenschen zuwenden.

Hier liegt auch – wie so oft im Leben – die größere Lernchance. Grundsätzlich lassen sich vier verschiedene Spiegel-Aspekte unterscheiden:

1. Das Eigenverhalten

Alles, was uns an unserem Gegenüber nicht gefällt, gefällt uns deshalb nicht, weil wir uns im Grunde selbst genau so verhalten. Nur merken wir es nicht. Dies ist natürlich – gerade als erster

71

Punkt – ein ziemlicher Hammer. Zugegeben! (Zur Beruhigung: Es folgen noch drei weitere Punkte, die weniger gravierend sind und sich prima als »Rettungsanker« eignen.) Aber dieser erste Punkt macht den größten Teil des Spiegels aus.

Erinnern wir uns dazu an die gefilterte Wahrnehmung: Wir können tatsächlich nur das sehen, was wir als Muster verinnerlicht haben.

Prüfen Sie also jedes Mal, wenn wieder mal so ein fieser Stinkstiefel vor Ihnen steht und Ihnen fürchterlich auf die Nerven geht, ob genau dieses Verhalten andere vielleicht auch bei Ihnen selbst bemerken könnten.

Wir sind ausgesprochen gut darin, uns selbst in einem falschen Bild zu sehen. (Um so besser, dass genügend Spiegel in dieser Welt herumlaufen!)

Ich gebe zu, dass dieser Punkt – sofern er bei wirklicher Hinterfragung zutrifft – ganz schön weh tun kann. Und häufig wehrt sich unser Ego dann auch ganz mächtig mit einem »Ich – so!? Nein!«.

Leider führt dies oft dazu, das Kind mit dem Bade auszuschütten – sprich unser Interesse an einer wirklichen persönlichen Entwicklung aufzugeben, weil wir eine bestimmte Situation nicht als Spiegel verstehen wollen.

»Das kann ja wohl nicht sein, dass ich so bin wie der. Also lass ich es ganz bleiben!«

Ich empfehle daher diesen ersten Punkt zunächst einmal bei Dritten zu beobachten, möglichst bei Personen, denen gegenüber wir eher neutral eingestellt sind.

Wenn Ihnen also das nächste Mal Ihr Kollege erzählt, wie fürchterlich sich Ihr gemeinsamer Chef wieder aufgeführt hat, so überprüfen Sie einmal, ob denn nicht genau dieser Kollege sich ebenfalls mitunter genauso benimmt.

Sie werden erstaunt feststellen, wie oft dieser erste Spiegelpunkt, das Eigenverhalten, wirklich zutrifft. Und wenn Sie dann – so nach und nach – an anderen die Richtigkeit dieser Theorie festgestellt haben, so überprüfen Sie sie immer öfter auch bei sich selbst. Merken Sie dann, dass Sie sich ja mitunter genauso verhalten wie die andere Person (vielleicht sogar auch »nur« sich selbst gegenüber), so bedanken Sie sich innerlich freundlich bei ihr dafür, dass sie so nett war, Ihnen auf die Sprünge zu helfen. Und gehen Sie in Zukunft daran, dieses negative Verhalten bei sich zu verändern.

Wenn Sie dann wirklich Ihr entsprechendes Verhalten abgelegt haben, werden Sie merken – oh Wunder! –, dass Ihnen dieses Verhalten an den anderen gar nicht mehr auffällt oder dass es Sie zumindest nicht mehr stört. Der Resonanzboden ist praktisch entzogen. Was will auch gespiegelt werden, wenn nichts mehr da ist?

Häufig tritt auch schon eine plötzliche Änderung allein durch das Erkennen des Spiegels ein.

2. Das Wunschverhalten

Als zweite Möglichkeit bietet sich an, dass uns bestimmte Verhaltensweisen an anderen nur deshalb stören, weil wir im Grunde gerne genauso wären. Der Spiegel kommt also durch unser Neidgefühl zustande. Wir merken, dass der andere etwas hat oder kann, was wir selbst gerne hätten oder können würden, und ärgern uns über uns selbst. Und diesen Frust projizieren wir auf den anderen, indem wir ihn ablehnen. Dies ist der einfachste Weg. Indem wir nämlich bei anderen das ablehnen, was wir im Grunde selbst gerne hätten, haben wir einen triftigen Grund dafür, es selbst nicht haben zu müssen. Wir lehnen es ja schließlich ab.

Wir sind also aus dem Schneider. Wir brauchen uns nicht anzustrengen und vor allem müssen wir uns nicht eingestehen, dass wir versagt haben.

Dies ist natürlich eine Milchmädchenrechnung. Solange wir unsere Wünsche verdrängen, können wir sie uns nicht erfüllen. Und solange wir sie nicht erfüllt haben – in welcher Form auch immer (siehe Maslow'sche Bedürfnispyramide) – werden wir auf andere neidisch sein.

Überlegen Sie in Zukunft also bitte, wenn dieser Lackaffe wieder mit seinem neuen Designer-Anzug und dazu noch der neuen Blondine in dem neuen Sportwagen an Ihnen vorbeibraust, ob Ihr ungutes Gefühl im Magen nicht vielleicht einfach Ihren Wunsch nach genau diesen Dingen widerspiegelt.
Und sollte das tatsächlich zutreffen, so überlegen Sie sich doch, wie Sie dies alles ebenfalls bekommen können. Fragen Sie doch ganz einfach den Lackaffen. Vielleicht gibt es ja einen Trick bei der Sache.

Sobald Sie die Spiegelfunktion erkannt haben, ist Ihr ungutes Gefühl im Magen umgewandelt in ein »Kuck mal, da fährt einer einen Sportwagen, wie ich ihn kriege. Toll, was!?«.
Auf jeden Fall aber – und das ist das Entscheidende – werden Sie sich in solchen Situationen nicht mehr schlecht fühlen.

3. Das Vermeidungsverhalten

Dies ist der Rettungsanker für alle diejenigen, die »nie im Leben so sind wie der da« und »schon gar nicht so sein wollen«. Sie wollen unter allen Umständen vermeiden, genau dieses Verhalten an den Tag zu legen. So wollen sie nie werden.
Aber wie ist denn das mit dem Vermeiden?
Fragen Sie doch einmal einen Nichtraucher (im Idealfall also sich selbst), ob er vermeiden muss zu rauchen. Er wird dies verneinen. Ich muss eben nur dann etwas vermeiden, wenn ich die Anlage dazu besitze. Die Handlung muss innerlich angelegt sein, damit sie im Außen vermieden werden muss, im letzten Moment quasi abgebrochen, gestoppt.

Also auch hier liegt eine Anlage dazu in mir und diese wird eben gespiegelt. Sie merken schon: Es bleibt doch wieder an jedem selbst hängen! So toll ist der Rettungsanker also gar nicht!

Die Lösung ergibt sich wie bei Punkt eins, wobei hier nicht das bereits aufgetretene Verhalten, sondern die innere Prägung hierzu angegangen werden sollte.

4. Die Erinnerung

Dieser vierte und letzte Punkt bringt uns etwas in die Verhaltensforschung. Sie kennen vielleicht die Geschichte von dem Hund und dem Herrn namens Pawlow:

Pawlow, ein russischer Physiologe und Anfang des 20. Jahrhunderts Nobelpreisträger für Medizin, untersuchte in seinem Labor bei einem Hund den Speichelflussreflex. Mit speziellen Sonden konnte er feststellen, dass jedes Mal, wenn er dem Hund etwas zu essen hinstellte, diesem förmlich »das Wasser im Maul zusammenlief«. So weit nichts Besonderes.

Nun ließ er aber jedes Mal, wenn das Fressen kam, auch eine Glocke läuten. Der Hund lernte also, dass Fressen und Glocke in direktem Zusammenhang standen.

Und dieser Zusammenhang wurde für den Hund nun so fest, dass ihm sogar dann das Wasser im Maul zusammenlief, wenn er nur die Glocke hörte, es also gar kein Fressen gab.

Die Wissenschaft nennt dies »bedingter Reflex« oder »klassische Konditionierung«.

Dass wir Menschen aber sehr häufig genau so konditioniert sind auf bestimmte Auslöser, wird im täglichen Leben selten bedacht. Dabei stören uns das Verhalten, die Stimme, die Gestik oder sonst etwas an einem fremden Menschen oft nur deshalb, weil wir genau dieses Verhalten mit einem ganz anderen Menschen verbinden, den wir eben in negativer Erinnerung haben. Im Grunde haben wir also nichts gegen diesen Menschen, den wir gerade vor uns haben, sondern er erinnert uns lediglich an jemand anderen.

Kein Grund also, sich über ihn aufzuregen. Er kann ja nichts dafür, dass er die gleiche Nasenform hat wie der Onkel von mir, der mich als Kind immer fürchterlich verdroschen hat.

Da jedoch auch die Probleme, die wir damals mit diesem Menschen hatten, wegen einem der ersten drei Punkte entstanden sind, ist die Erinnerung nur eine zeitlich versetzte Form des Spiegels.

Zusammenfassend können wir also festhalten:
Alles, was uns an anderen Menschen auffällt, hat ursächlich nichts mit diesen Menschen zu tun, sondern mit unserer Einstellung. Sie spiegeln uns immer nur unsere unterbewussten Prägungen wider, weil wir

- selbst so sind,
- selbst gerne so wären,
- nie so sein wollen (aber die Anlage dazu haben) oder
- weil sie uns an andere erinnern.

Wenn wir ganz konsequent diese Spiegelbildfunktion im Sinn behalten, haben wir mit jedem Menschen ein gutes Auskommen. Das heißt nicht, dass wir jeden zum dicken Freund haben müssen, aber zumindest haben wir keine negativen Gefühle mehr. (Und Sie wissen ja, dass negative Gefühle zu negativen Mustern führen!)

Wenn Sie also in Zukunft irgendetwas an einem anderen stört und Sie ihm vielleicht gerade eine entsprechende Bemerkung an den Kopf werfen wollen, überlegen Sie kurz: »Wie war das mit dem Spiegel?« Sie meinen ja im Grunde nicht ihn, sondern sich selbst. Also können Sie sich die Bemerkung auch sparen. Und Sie können zu einem normalen Umgang übergehen.

Sollte dagegen jemand Ihnen gegenüber eine solche Bemerkung loslassen, so können Sie sich ebenfalls an den Spiegel erinnern und bei sich denken: »Schön, dass ich dir gerade als Spiegel dienen durfte. Aber ich weiß, du meinst im Grunde nicht mich sondern dich selbst.« Und auch hier können der sonst unvermeidliche Streit und Ärger ausbleiben.

Wenn Sie morgens in Ihr Bad kommen und Sie sehen im Spiegel ein schrecklich ungekämmtes Etwas, wen kämmen Sie denn dann? Sich selbst oder das Spiegelbild?

Sehen Sie! Im Alltag aber wollen wir immer nur das Spiegelbild verändern. Und das funktioniert natürlich genau so wenig wie morgens im Bad.
In Unkenntnis dieser Dinge laufen viele Menschen durchs Leben und zerschlagen die Spiegel, in die sie gerade hineinschauen. Dieses Zerschlagen nennt man im Leben nur anders. Hier heißt es: Trennung, Scheidung, Kündigung, Umzug oder was auch sonst mit äußerer Veränderung zu tun hat.
Wer sich von seinem Partner trennt, ohne den Spiegel erkannt zu haben, wird zwangsläufig beim nächsten Mal die gleichen Probleme wieder finden.

Sie kennen doch sicher auch Menschen, die immer wieder die gleiche Art von Partner, Chef, Kollegen oder Nachbarn haben.

Logisch! Wenn ich im Bad den Spiegel zerschlage, weil mir der Anblick der Person im Spiegel nicht gefällt, werde ich dennoch beim nächsten Spiegel den gleichen Menschen wieder sehen. Ich will damit nicht sagen, dass man jede Beziehung, jeden Job auf immer und ewig behalten soll. Eine Änderung ist aber nur dann sinnvoll, wenn ich gelernt habe, was der andere mir widerspiegelt. Sonst tappe ich genau wieder in dieselbe Falle. Und wenn ich es gelernt habe, wenn ich mich, meine Prägungen, meine Überzeugungen verändert habe, ist eine Trennung oft nicht mehr notwendig oder ergibt sich auf harmonische Weise von alleine. Beginnen Sie also bei sich. Verändern Sie Ihre Muster, Ihr Verhalten, und die Welt wird sich verändern.

**»Wenn du die Welt verändern willst,
musst du dich selbst verändern.«**

Da das eindeutige Erkennen des Spiegels mitunter etwas genaue-
res Hinsehen erfordert, möchte ich ein Beispiel aus meiner (Clemens) Praxis erzählen:

*Ein Seminarteilnehmer, Paul, hatte sich nach langen Überlegungen
bezüglich des Spiegels an mich gewandt, weil er der Meinung war,
dass er einen konkreten Punkt hätte, bei dem dieses Modell nun wirklich nicht zutreffe.*

*Die Sachlage war folgende: Paul war Mitglied einer recht großen
Familie, die sich regelmäßig zu irgendwelchen Feierlichkeiten traf. Die
ansonsten sehr gute Harmonie wurde lediglich immer wieder durch
ein männliches Familienmitglied gestört. Der Mann war Raucher
und wollte auch bei diesen Treffen nicht darauf verzichten, obwohl
Paul gerade erst Nachwuchs bekommen hatte und das kleine Baby
eben auch von den Nikotinschwaden betroffen war. Wegen dieser
Konstellation gab es also regelmäßig den dicksten Ärger und ebenso
regelmäßig endeten die Feiern im Streit.*

*Paul fragte mich also – fast schon etwas verärgert –, wo denn da nun
der Spiegel sei. Erstens würde er selbst nicht rauchen, zweitens wollte
er es nicht tun, drittens müsste er es auch nicht vermeiden, hätte als
Nichtraucher auch keine Veranlagung dazu und viertens hätte er so
etwas noch nie erlebt, es könnte also auch keine Erinnerung sein.*

*Hier betraf der Ärger – wie so oft – nicht das oberflächlich sichtbare
Thema, das Rauchen, sondern offensichtlich etwas ganz anderes.*

*Also fragte ich ihn, was ihn denn wirklich an der ganzen Geschichte
so ärgern würde. Und Paul erkannte sehr schnell, dass es die Rück-
sichtslosigkeit dieses Mannes war. Ohne sich um die anderen zu kümmern, tat er einfach, was er wollte.*

*Also hatten wir einen neuen Anhaltspunkt für den Spiegel gefunden
und gingen nun die einzelnen Punkte durch.*

War Paul selbst rücksichtslos? Nein, gewiss nicht.

*Wollte er manchmal etwas rücksichtsloser sein? Und da machte es
»klick« bei ihm. Paul war ein Mensch, der seine eigenen Bedürfnisse*

und Wünsche dauernd hintanstellte. Immer nahm er Rücksicht, kümmerte sich um jeden, nur nicht um sich selbst.

So empfahl ich ihm, in Zukunft etwas mehr seine eigenen Interessen in den Vordergrund zu stellen, sich selbst wichtiger zu nehmen. Das Ganze natürlich in kleinen Schritten, aber er sollte es konsequent tun. Mit dieser Empfehlung trennten wir uns.

Nach einigen Monaten traf ich ihn wieder und er erzählte mir den Ausgang der Geschichte. Nachdem er erkannt hatte, dass der Ärger über den Verwandten im Grunde Neid war, nachdem er selbst begonnen hatte, eigene Wünsche zu realisieren, hatte er plötzlich eine andere Einstellung dem Raucher gegenüber. Und durch diese neue Einstellung konnte er nun ganz anders auf ihn zugehen. Was bisher immer als Angriff und Beschuldigung ablief, wurde nun zu einem normalen Gespräch. Paul erzählte mir, wie er in ruhigen Worten dem anderen seine Einstellung zum Rauchen erklärt hatte, gerade in Bezug auf sein kleines Kind, und wie durch dieses offene, harmonische Gespräch der Raucher plötzlich bereit war, in Zukunft draußen vor der Tür zu rauchen. Bisher dachte dieser gar nicht daran dies zu tun, wurde er doch nur angegriffen.

Sie sehen, der Spiegel funktioniert immer, auch wenn wir vielleicht etwas danach »graben« müssen. Die Spiegelbildfunktion ist auf Situationen jedweder Art anwendbar.

Durch die gefilterte Wahrnehmung werden uns eben nur die Situationen auffallen bzw. besonders ansprechen, die unseren inneren Prägungen entsprechen. Wir werden uns immer genau die Ereignisse herauspicken, die unsere inneren Überzeugungen bestätigen. Also auch hier ist das, was wir um uns herum wahrnehmen – was ja nicht identisch ist mit dem, was um uns herum geschieht – ein Spiegel für uns.

Stoßen wir also auf Situationen, die uns so gar nicht gefallen, so müssen wir uns eingestehen, dass es an uns selbst liegt, ob und wie wir diese Situationen wahrnehmen.

Bei positiven Erlebnissen sind wir in der Regel schnell bei der Hand mit dem Eingeständnis der Eigenverantwortlichkeit.

Aber interessant und wichtig wird es halt bei den Dingen, die uns nicht gefallen. In diesem Bereich nämlich liegt unser Entwicklungspotential.

Hier liegt die Chance darin, aus der äußeren Welt auf die inneren Prägungen zu schließen und entsprechend an dem »Innen« zu arbeiten, um in Zukunft im »Außen« bessere Ergebnisse zu erzielen.

Einen letzten Exkurs zum Thema »Spiegel« aus dem Sufismus möchte ich (Bärbel) zuvor noch machen. Der Sufismus ist eine mystische Weisheitslehre und hat eine eigene, auch sehr interessante Sichtweise zum Thema »der Spiegel im anderen«:

Die Sufis gehen davon aus, dass jeder Mensch alle göttlichen Qualitäten in sich angelegt hat. Das sind zum Beispiel: Selbstwert, Weisheit, Können, Macht im positiven Sinne, Reichtum, Schönheit, Güte und zig weitere.

Nun kommt der Mensch auf die Welt, um jeweils eine dieser Qualitäten auf ganz besondere Weise für sich zu erfahren. Er macht dies, indem er erstmal das Gegenteil davon lebt. Indem man erstmal »kalt« lebt, erfährt man jeden Anflug von Wärme mit besonderer Intensität.

Wir erleben das unter anderem so, dass wir – meist aufgrund von einem mangelnden Selbstwertgefühl – uns nicht vorstellen können, was alles Tolles in uns steckt. Oder anders formuliert, wir erlauben uns die betreffenden Qualitäten nicht, weil wir meinen, wir dürften es nicht. Sie springen uns aber an anderen sofort ins Auge (Spiegel) und wir ärgern uns, wenn ein anderer sich vor unseren Augen das erlaubt, was wir uns selbst nicht erlauben.

So wie der Nichtraucher Paul, der sich nicht erlaubte, seine eigenen Bedürfnisse in den Vordergrund zu stellen. Er zog daher per Resonanz eine Begegnung in seinem Umfeld an, die diese Qualität reichlich vorlebte. Kaum »erlaubte« Paul sich diese Qualität ebenfalls (und vielleicht weniger überzogen, sondern auf harmonische Weise), konnte er das Problem mit dem Raucher elegant lösen.

Erleuchtung ist demnach, wenn man sich alle Qualitäten, die man als Seele leben möchte, erlaubt und zu allem sagt »ich darf«. Dann braucht man keine Spiegel mehr und man nimmt überall Schönheit und vollkommenen Ausdruck wahr.

Auslöser und Symptome

liegen im Außen,

im Materiellen.

Ursachen

liegen immer im Innen,

im Geistig-Seelischen.

Die Probleme nützen

Es gibt kein Problem,
das nicht auch ein Geschenk
für dich in den Händen trüge.
Du suchst Probleme,
weil du ihre Geschenke brauchst.

Richard Bach

Was haben wir nicht alles für Probleme!
Probleme mit unserem Chef, mit dem Partner, mit den Kindern,
mit dem Nachbarn (dem komischen!), mit dem Geld, mit der
Gesundheit, mit der Figur oder einfach mit uns selbst.
Ich glaube, würde man alle Probleme nacheinander auflisten, so
könnte man leicht ein Buch füllen, das an Dicke dem Telefon-
buch von New York gleichen würde.
Würde man dagegen die Ursachen für Probleme auflisten, so
käme man mit sehr viel weniger Platz aus. Und Sie kennen auch
schon die Hauptursache für alle unsere Probleme: unsere eigenen Gedanken!
Wenn wir im vorigen Kapitel sagten, dass die anderen Menschen
und auch die Situationen, die wir erleben, im Grunde nur der
Spiegel für uns selbst, für unsere inneren Überzeugungen, also
Prägungen sind, so ist klar, dass auch unsere Probleme nichts
anderes darstellen. Und diese Prägungen – so haben wir gesehen
– resultieren aus unseren Gedanken.

Probleme sind äußere Zeichen, dass in unserem Unterbewusstsein noch Prägungen vorhanden sind, die nicht das beinhalten, was wir mit unserem Bewusstsein gerne möchten. Es sind also Hinweise darauf, dass es da noch Dinge gibt, die etwas verbesserbar sind. Und wenn wir sie verbessern, werden sich unsere Lebensumstände verbessern!

Also sind Probleme – genau betrachtet – etwas sehr Positives!

Nicht umsonst heißen sie ja auch »Pro«-bleme und nicht »Kontra«-bleme. »Pro«-bleme sind also »für« etwas, nicht »gegen« etwas, und schon gar nicht gegen uns selbst. Sie sind vielmehr für uns selbst. Sie sind dafür da, dass wir uns ständig verbessern, dass wir lernen und uns weiterentwickeln.

Mit der Entlassung aus der Schule, der Lehre oder der Universität hört das Lernen nicht auf. Viele meinen vielleicht, dass sie mit spätestens dreißig Jahren fertig seien, dass sie ihren Beruf »drauf« haben, Familie und Besitz sind langsam in die richtigen Bahnen gekommen, also Volldampf voraus auf die Rente!

Aber das Leben sorgt schon dafür, dass auch diese Menschen nicht mit dem Lernen aufhören. Eben indem es ihnen – ganz nett gemeinte – Probleme schickt.

Das Unglückliche am Lernen ist ja, dass wir bereits in der Schule mitbekommen, dass dieses Lernen nur über Leid funktioniert. Anstatt einen Fehler als eine Aufforderung zu sehen, etwas zu ändern, wird er stattdessen mit einer schlechten Note bestraft.

Stellen Sie sich vor, wie weit unsere Wissenschaft wohl wäre, wenn auch dort jeder Fehler bestraft würde. Dort versteht man es eher so, dass einem der Fehler gezeigt hat, wie etwas nicht geht, und nun sucht man einfach auf anderen Wegen weiter.

Edison hat bei der Entwicklung der Glühbirne über 10.000 Fehler gemacht. Hätte er nach einigen Versuchen angesichts »so großer Probleme« aufgegeben, wie es die meisten von uns vielleicht getan

hätten, müssten Sie dieses Buch am Abend bei Kerzenlicht lesen.
(Was zugegebenermaßen auch sehr romantisch sein kann, aber eben
kann und nicht muss.)

Durch diese falsche Programmierung nun, dass Fehler etwas
Schlechtes sind, trauen sich viele schon gar nicht mehr, überhaupt
etwas Neues anzupacken. Man könnte ja einen Fehler machen
und scheitern. Man könnte ja Probleme bekommen.
Aber – wie schon erwähnt – wir kommen gar nicht drum herum
zu lernen. Und da die zweite Möglichkeit zum Lernen – neben
dem Leid – die Freiwilligkeit ist, können wir uns auch frei entscheiden Dinge zu lernen.
Und was wir (freiwillig) lernen sollen, sehen wir tagtäglich in
unserem Leben. Dieses spiegelt ja nur unsere inneren Muster
wider und da liegt genügend Potenzial zur Veränderung.
Akzeptieren wir also unser Leben als Spiegel, erkennen wir die
äußeren Umstände als Signale uns selbst zu verändern, so lernen
wir freiwillig.
Missachten wir aber diese Signale, sehen wir die Dinge als »rein
zufällig«, und dass das »schon gar nichts mit mir zu tun hat«,
dann werden die Signale eben immer deutlicher, bis hin zu dem
Punkt, an dem wir sie als Probleme bezeichnen.

**Probleme sind also nichts anderes als verschleppte,
nicht erkannte Signale zur eigenen Veränderung.**

Und wenn die Probleme dann groß genug sind, kommen wir gar
nicht mehr umhin uns ihrer anzunehmen und sie zu lösen. Aber
bitte zunächst in uns, sonst sind sie nämlich nicht wirklich gelöst
und kommen halt wieder.

Nehmen wir als Beispiel einen Manager, dessen Lernaufgabe es
vielleicht ist, etwas mehr auf seinen Körper zu achten, seinem
Körper mehr Ruhe zu gönnen. Sein Verhalten läuft nun jedoch in
die andere Richtung. Er ist der Meinung, dass man für seine Kar-

riere alles geben muss, dass Geld und äußere Statussymbole am wichtigsten seien.

Jetzt erhält er also Signale aus seinem Umfeld, natürlich als Spiegel für den inneren Auftrag »Ruhe«.

Das erste Signal ist vielleicht eine Sendung im Fernsehen, bei der ihm die immense Arbeitsleistung eines Politikers auffällt. Wie kann ein Mensch nur so viel arbeiten ohne krank zu werden?

Das zweite Signal ist sein Nachbar, der am Steuer seines Wagens eingeschlafen ist und einen – Gott sei Dank – glimpflichen Unfall verursacht hat. Der Nachbar ist zwar schon näher als der Politiker, aber noch immer hat das alles nichts mit ihm zu tun.

Als Drittes kommt seine Frau ins Spiel. Diese nun sagt ihm klipp und klar, dass er zu viel arbeitet und dass er etwas auf seine Gesundheit achten sollte. Doch auch das erkennt er nicht als Signal und ignoriert es. »Frauen sind eben immer so ängstlich.«

Das vierte Signal ist dann schon etwas dicker. Ein guter Arbeitskollege, der eine ähnliche Arbeitsbelastung hat wie er, wird ernsthaft krank. Diagnose: zu viel Stress. Aber »es gibt halt Menschen, die für die harte Geschäftswelt nicht geschaffen sind«. Also auch dies erkennt er nicht.

So könnte es nun immer weitergehen bis zu dem Punkt, an dem er selbst einen Herzinfarkt erleidet. Jetzt hat er ein echtes Problem. Dieses Problem lässt ihm keine Wahlmöglichkeit mehr, wie er denn seine Lektion lernen soll. Jetzt liegt er im Krankenhaus, jetzt hat er Ruhe, jetzt achtet er auf seinen Körper.

(Leider gibt es immer wieder Menschen, die selbst so starke Signale nicht erkennen und dann irgendwann »ganz zufällig« am dritten Herzinfarkt sterben.)

Hätte unser Manager früh genug erkannt, dass die einzelnen »zufälligen« Ereignisse im Grunde nur der Spiegel für ihn selbst waren, hätte er sich die wirklich dicken Probleme ersparen können. Hätte er freiwillig gelernt, hätte er sich das Leid ersparen können.

Überdenken Sie doch einmal Ihr eigenes Leben. Nehmen Sie sich ein größeres Problem und überlegen Sie, welches Grundmuster, welche Prägung, dahinter stehen könnte. Welche psychische Ursache könnte dahinter stecken? Und jetzt gehen Sie einmal zurück und überlegen Sie, welche Dinge in die gleiche Richtung zeigten und Ihnen passiert sind, bevor Sie dieses Problem hatten.

Ich bin sicher, wenn Sie offen hierfür sind, werden Sie eine ganze Reihe von Situationen finden, die bereits Signale waren, die Sie aber ganz offensichtlich (sonst wäre das Problem nicht mehr aufgetreten) nicht als solche erkannt haben.

»Was will es mir sagen?«

Wenn Sie sich mehr und mehr diese Frage stellen, sobald Sie außergewöhnliche Dinge wahrnehmen oder erleben, werden Sie freiwillig lernen. Doch selbst wenn Sie tatsächliche Probleme haben, werden Sie diese als Aufforderung zum Lernen sehen und sich nicht mehr als Opfer der Umstände fühlen.

Probleme sind »für« etwas, für die richtige Richtung nämlich.

Wann immer wir gegen unsere Natur handeln, unsere eigentlichen Fähigkeiten und Begabungen missachten oder gegen uns selbst handeln, werden wir Probleme bekommen.
Aber das Tolle daran ist: Jeder, der gemäß seiner Natur handelt, jeder, der seine Fähigkeiten und Begabungen nutzt, jeder, der für sich handelt, führt ein erfolgreiches und glückliches Leben.

Probleme sind also Hinweise darauf, wie wir ein besseres Leben führen können, wie wir erfolgreicher und glücklicher sein können. Probleme sind Wegweiser, die uns die richtige Richtung zeigen. Seien Sie deshalb nicht gegen Ihre Probleme, kämpfen Sie nicht gegen sie. Seien Sie vielleicht sogar ein bisschen dankbar, wenn Sie gelegentlich ein kleines Problem haben. Sie haben somit die Chance, Ihre Verursacherrolle darin zu erkennen und einen wesentlichen Schritt hin zu mehr Zufriedenheit und Glück zu gehen.

Selbstwert

Neben der Notwendigkeit (etwas wendet die Not, ist das nicht ein schönes Wort) zu erkennen, dass Probleme einen Spiegel unserer Gedanken darstellen, gibt es noch eine weitere Hilfestellung, um Probleme leichter angehen zu können.

Die Überlegungen dazu kommen aus der Kindererziehung: Wenn ein Kind ein schwaches Selbstwertgefühl mit auf den Weg bekommt, weil es ständig gesagt bekam, was es alles falsch macht oder gar, dass es nicht liebenswert ist, wenn es nicht brav ist und so weiter, dann hat so ein Kind später im Leben Angst Fehler zu machen!

Denn es hat ja noch aus der Kindheit gespeichert – die leidigen Gedankenmuster –, dass Fehler beweisen, dass es nicht liebenswert ist. Also vermeidet es diese um jeden Preis. Fehler kann man aber nur vermeiden, wenn man auf keinen Fall je etwas Neues ausprobiert und wenn man auch ja an seinen Problemen nicht rührt, sondern alles schön so lässt wie es ist und die Schuld auf die anderen abschiebt. Dann sind die es, die nicht liebenswert sind, und ich selbst bekomme nicht schon wieder eins auf den Deckel.

Wenn über so einen Menschen irgendjemand eine vollkommen neutrale Bemerkung macht, dann legt dieser Mensch das sofort negativ gegen sich gerichtet aus und grübelt stundenlang frustriert an völlig belanglosen Kommentaren herum.

Wie schaut es nun aus, wenn ein Kind ein positives Selbstwertgefühl mit auf seinen Lebensweg bekommen hat? Wenn die Eltern statt: »Wenn du das machst, hab ich dich nicht mehr lieb« Dinge gesagt haben wie: »Ich habe dich immer lieb, du bist ein tolles Kind und es ist nicht o.k., wenn du dies und das tust!«

So ein Kind ist meist auch nicht bestraft worden für dumme Dinge, die es getan hat, sondern die Eltern haben sich stattdessen bemüht, durch möglichst natürliche Konsequenzen (wer etwas dreckig macht, muss es auch selbst wieder sauber machen und verpasst dadurch z.b. die Spielstunde mit der liebsten Freundin) dem Kind kluges Nachdenken beizubringen: »Aha, wenn ich das und das tue, werde ich zwar immer noch geliebt, aber es hat Auswirkungen auf mein Wohlbefinden. Dann lasse ich es in Zukunft vielleicht doch lieber. So, so, auch wenn ich superdumme Sachen mache, halten meine Eltern mich trotzdem für einen wertvollen Menschen und sie trauen mir sogar zu, die Probleme selbst wieder zu beheben – meine Eltern sind dabei lediglich meine besten Berater. Aha, aha, na, wenn meine Eltern das meinen, dann ist es bestimmt auch so...« Das Kind speichert somit mittels seiner Gedanken und der Wiederholungen im Unbewussten ab: »Ich bin liebenswert und klug und kann alle meine Probleme lösen!«

Der spätere Erwachsene mit solch einem positiven Selbstwertgefühl macht nicht lange herum, beim Auftreten von Problemen: Er krempelt die Ärmel hoch und geht sie an. Denn selbst wenn ihm 10.000 Fehler unterlaufen wie Thomas Edison, hat er trotzdem keine Angst vor diesen Fehlern. Er bringt sie gedanklich nicht in Zusammenhang mit seinem eigenen Selbstwert, also fürchtet er sich auch nicht vor ihnen. So ein Mensch legt ferner nicht jeden Kommentar anderer Menschen gleich gegen sich selbst aus. Er blockiert sich daher auch nicht ständig in der Kommunikation mit anderen.
Wir sehen also, dass wir jedwedes Problem viel leichter lösen können, wenn uns ein positives Selbstwertgefühl als Treibstoff zur Verfügung steht.

Schnüff, heul, »aber ich kann doch meine Kindheit nicht im Nachhinein ändern. Bin ich für alle Zeiten verloren, wenn mein Selbstwertgefühl im Keller ist?« Nö. Auch das ist ja nichts anderes als ein Gedankenmuster. Allerdings ein sehr grundlegendes und in alles hineinwirkendes. Es lohnt sich, dieses mit als eines der ersten anzugehen.

Übungen für mehr Selbstliebe

Nun habe ich (Bärbel) in meinen anderen Büchern schon sehr viele Anregungen zu diesem Thema gegeben. Zur Erinnerung für alte Leser oder als Anregung für neue Leser ein paar der alten Stichwörter plus einige neue Vorschläge, wie sich speziell Muster zum Thema Selbstwertgefühl positiv verändern lassen.

Spiegel der Liebe

Hierzu brauchen Sie von irgendwoher einen Ganzkörperspiegel. Wenn Sie selbst keinen haben, leihen Sie sich für zwei Stunden das Schlafzimmer Ihrer Tante, der Nachbarn oder von sonst wem, der darin einen Ganzkörperspiegel hat.

Stellen Sie sich vollkommen unbekleidet (auch Uhren und Schmuck weg) vor diesen Ganzkörperspiegel und lieben Sie sich selbst so, wie Sie sind. Danken Sie Ihrem Körper dafür, dass er Ihnen dieses Leben ermöglicht und konzentrieren Sie Ihre Aufmerksamkeit darauf, sich selbst wirklich eine Welle von Warmherzigkeit entgegenzubringen. Sie werden sehen, wie total und positiv überrascht Ihr Körper und Ihr ganzes Sein reagieren. Diese Übung stärkt neben dem Selbstwertgefühl auch ganz immens Ihr Immunsystem.

Objektfreie Liebe

Das Buch *Leide nicht – liebe* von Werner Ablass ist im Moment der Bestseller Nummer 1 bei meinen Seminaren und Vorträgen. Der Autor erklärt auf herzerfrischend einfache Weise, dass man lediglich selbst eine hohe Schwingung braucht, um nur noch hoch schwingende Ereignisse wie Glück und Gesundheit im Leben anzuziehen. Das ist ein ganz einfaches Resonanzprinzip wie beim Radio:

Der Sender, den ich einstelle, der wird dann auch gespielt. Nur, wie erhöhe ich meine Schwingung? Ganz einfach: Indem ich alles liebe oder gedanklich in Liebe hülle, was mir so über den Weg läuft. Was ist, wenn mir mein böser Nachbar so auf die Nerven geht, dass ich ihn trotz größter Anstrengung nicht lieben kann? Auch ganz einfach: Dann liebe ich mich selbst trotz und mit meiner Ablehnung. Dann liebe ich das Genervtsein und packe den Nachbarn zumindest in eine Wolke von Liebe. Das geht immer. Und wirkt immer. Die Schwingung ist sofort höher, als wenn ich das Unmögliche (Bösewicht lieben) versuche und anschließend Schuldgefühle habe, weil ich noch nicht so erleuchtet bin.

Werner Ablass zeigt uns an vielen Beispielen im Alltag, wie und was man alles lieben kann, so dass es immer ganz einfach geht und es in unserem Gefühl und in unserer Resonanz große Fortschritte gibt. Entscheiden Sie sich für die Liebe und es geht Ihnen immer sofort um ein Vielfaches besser!

Für mich ist das Buch eine Art Turbobeschleuniger für alle Arten von Anwendungen geistiger Kraft. In dieser Schwingung kann man kein »Radio-Trübsal« mehr hören, weil das auf einer komplett anderen Frequenz gespielt wird.

Ich liebe meine Fehler, denn sie beweisen, wie mutig und aufgeschlossen gegenüber Neuem ich bin.

Mit der Technik von Werner Ablass können wir uns zur Überwindung der Angst vor Fehlern selbst eine Übung zusammenstricken. »Ich liebe mich dafür, dass ich mich traue Fehler zu machen. Das ist eine besonders wertvolle Eigenschaft von mir.« Brechen Sie mit dem alten Muster, indem Sie etwas besonders Verrücktes oder Abnormales tun, das Sie normalerweise unter »Fehler« und »tut man auf keinen Fall« einordnen würden und lieben Sie sich für Ihren Mut und Ihre Kreativität und Ihre Bereitschaft Neues zu probieren.

Besuchen Sie beispielsweise einen »mir ist nichts peinlich-Kurs« oder organisieren Sie selbst einen, wenn es keinen in Ihrer Nähe gibt, und lieben Sie sich für Ihren Mut dabei. Lenken Sie immer wieder Ihre Aufmerksamkeit darauf, sich dafür zu lieben und sich selbst zu bewundern, dass Sie das schaffen.

Halten Sie eine Rede auf einem Stuhl in der Fußgängerzone. Erzählen Sie totalen Nonsens und lieben Sie sich für Ihren Mut. Es muss ja nicht Ihre Heimatstadt sein, wirklich tief angstgeprägte Personen trauen sich das noch nicht einmal in Hintertimbuktu. Dabei würden Sie sich wundern, wie viel nette neue Leute, auch Touristen aus Ihrem Heimatland, Sie kennen lernen würden, wenn Sie an Ihrem Urlaubsort einmal so eine Aktion durchziehen würden. Die anderen werden, speziell in Urlaubsstimmung, hoch erfreut sein über solch einen ungewöhnlichen, kreativen und lustigen Zeitgenossen wie Sie.

Ist doch klar, die Schisser rennen sofort peinlich berührt davon. Wer dableibt, Sie anspricht und mit Ihnen mitlacht, das sind die Leute mit dem Gedankenmuster von angstfreiem positivem Selbstwertgefühl. Wollten Sie solche Menschen nicht schon immer mal kennen lernen?

Denken Sie sich selbst eine Aktion aus. Denn meistens werden Sie selbst am besten wissen, wovor Sie am meisten Angst haben und welche Aktion, verbunden mit bewusster Selbstliebe, Ihr ganz persönliches Muster am besten durchbrechen könnte.

Weisheits-Meditation
Legen Sie eine für Sie angenehme Entspannungsmusik auf und setzen Sie sich bequem hin. Lassen Sie einige Minuten lang Ihre Gedanken nur zwischen der Musik und Ihrem Atem hin- und herschweifen. Wenn Sie anfangen zu träumen oder nachzudenken, dann stellen Sie sich vor, die Gedanken würden aus Ihrem Kopf herausgezogen werden und Sie würden sie der All-Einheit ins Universum zurückgeben. Damit werden und sollen Sie Ihre Gedanken nicht völlig ausschalten. Wir sind zufrieden, wenn wir sie ein wenig reduzieren können, um danach mit der Aufmerksamkeit wieder zwischen Musik und Atem hin- und herzupendeln.

Nach einigen Minuten stellen Sie sich vor, ein kleines Kind mit einer großen Portion natürlicher Weisheit und außergewöhnlichen hellsichtigen Fähigkeiten käme auf Sie zu. Das Kind erklärt Ihnen, dass jeder Mensch ein höchstes und ein niedrigstes Potenzial hat. Im niedrigsten Potenzial lebt man ausschließlich auf der Basis von negativen, angstbesetzten und unbewussten Gedankenmustern. Im höchsten Potenzial leben Sie das, was Sie wirklich sind. Frei von allen einengenden Mustern entfaltet sich die wahre Schönheit Ihrer Seele und Sie leben das Schönste und Beste, was in Ihnen steckt, voll aus.

Das weise und hellsichtige Kind hat die Gabe, die ursprüngliche Schönheit Ihrer Seele zu sehen und es sagt Ihnen jetzt, was es sieht!

Was würde das Kind alles zu Ihnen sagen?

Sie dürfen die Augen auch aufmachen und sich Notizen auf einem bereitgelegten Blatt machen.

Lassen Sie, wenn das kleine Kind zu Ende gesprochen hat, einen weisen, alten Schamanen zu Wort kommen. Auch er offenbart Ihnen, aus seiner Sicht, die ganze Schönheit Ihrer Seele und alles, was Sie zu einem einmaligen und wertvollen Wesen macht.

Auch eine gute allwissende Fee kann noch folgen und vielleicht sogar Gott selbst als Symbol für die Ganzheit der Schöpfung, in der alles Wissen aller Zeiten enthalten ist. Alle erzählen Ihnen, was Sie ganz persönlich liebenswert macht.

Danach noch eine halbe Stunde vor den Ganzkörper-Spiegel (s.o.) und Ihr Selbstwertgefühl nimmt völlig neue Dimensionen an.

Ishayas Meditation
Diese Meditationstechnik kann in zwei Tagen erlernt werden (super easy) und sie vermittelt ganz intensiv Selbstliebe und Dankbarkeit. *http://www.ishaya.com/* oder *www.ishaya.org*
Achtung: Die Seite ishaya.org ist mit einer Übersetzungsmaschine ins Deutsche übersetzt worden und dementsprechend lustig teilweise, so wurde z.B. Ishayas Ascension (Ishayas Erleuchtung)

übersetzt mit »Ishayas Besteigung«. Aber es sind eben auch deutsche Termine dort verzeichnet.

Dankbarkeitsübungen nach Marshall Rosenberg

Marshall Rosenberg ist der Begründer der wirklich genialen »Gewaltfreien Kommunikation« (empfehlenswert sein gleichnamiges Buch). Es gibt dort eine Übung, die den Treibstoff für ein positives, kraftvolles und selbst verwirklichtes Leben enthält. Es handelt sich um eine spezielle Art von Dankbarkeit anderen und vor allem sich selbst gegenüber. Ich möchte es hier nicht wiederholen, bei wem es innerlich klingelt, der lese das Buch von Marshall Rosenberg oder die Zusammenfassung von mir in »Reklamationen beim Universum« im Kapitel »Giraffensprache«.

Hätten Sie das gedacht, dass es so viele kreative und lustige Möglichkeiten gibt, das Muster Ihres Selbstwertgefühles positiv zu verändern? Es gibt sogar noch viel, viel mehr. Dies ist nur ein Auszug aus den unendlichen Möglichkeiten des Lebens, sich selbst jeden Tag neu zu erschaffen (denken Sie an Prof. Dürr, Sie müssen sich selbst die Chance geben, neue Ideen über sich wirken zu lassen).

Probleme annehmen

Um wirklich etwas in unserem Leben verändern zu können, müssen wir aber nicht nur uns selbst annehmen, wie wir sind, sondern das ganze Leben, so wie es jetzt im Moment ist.
Stellen Sie sich vor, Sie wollten nach Herrsching und würden angestrengt rudern. Solange Sie auf dem Starnberger See sind (Herrsching liegt am Ammersee) werden Sie leider nie ankommen. Es ist daher essentiell anzunehmen was ist und was Ihr gegenwärtiger Ausgangspunkt ist. Sonst finden Sie nie den Weg zu Ihrem Wunschziel.
Dieses Wissen ist nicht nur logisch, sondern vermutlich so alt wie die Menschheit selbst. Indische Weise formulieren es in etwa

so: »Erst wenn du alles lieben kannst wie es ist (=annehmen was ist), wächst dir die Kraft zu, alles zu ändern.«

Aber auch moderne Weise wie Byron Katie (The Work), oder die Autoren Werner Ablass oder Rene Egli oder auch der spirituelle Lehrer Clif Sanderson, der im Folgenden noch vorgestellt wird, haben alle immer wieder für sich erkannt: Solange ich nicht annehmen kann was ist, habe ich keine Kraft zur Veränderung!

Alles, was ich ablehne, füttere ich unbewusst mit Energie und es wächst. Das ist wie mit einer Warze, der ich zu viel Aufmerksamkeit spende. Sie wächst immer weiter. Gucken wir sie ein paar Monate lang gar nicht an, verschwindet sie meist von alleine.

Oder nehmen wir ein freches Kind: Je mehr Sie sich über seine Bemerkungen ärgern, desto mehr davon wird es machen, denn es bekommt so wunderbar viel Energie und Aufmerksamkeit von Ihnen dafür. Lassen Sie es links liegen sobald es frech wird und es wird schnell aufhören damit.

Widerstand zu leisten und den Ist-Zustand abzulehnen, kostet Sie alle Kraft die Sie haben. Das ist als würden Sie auf einem Wildbach mit einem kleinen Schlauchboot gegen den Strom rudern wollen. Sie sind in kürzester Zeit völlig fertig und kommen doch nirgendwo an.

Wer schlau ist, fließt einfach mit dem Strom mit und teilt dem Leben mit, wo er vorbeifließen möchte! Der Verlauf des Lebensflusses ist nicht festgelegt. Er fließt wie magnetisch angezogen überall dahin, wo Ihre Gedanken fließen, ob Sie rechts oder links herum um einen Felsen fahren, ob Sie mal anlegen und die Umgebung genießen oder ob Sie weiter wollen. All das kostet Sie keinerlei Kraft und Energie, denn die Kraft des Lebensflusses trägt Sie.

Wenn Sie allerdings meinen, Sie seien stärker als dieser Fluss und wollen dagegen fließen, dann verlieren Sie alle Kraft. Ist doch auch absurd. Denn alles was der Fluss will, ist dorthin zu fließen, wo Sie es ihm vorgeben.

Sie brauchen daher keine Angst zu haben, wenn Sie annehmen was ist. Sie geben damit nur dem Fluss des Lebens Ihre aktuellen

Koordinaten durch, von wo er Sie abholen und an einen wunsch-
gemäßen neuen Ort tragen soll.

Eine Meditation mit dem Thema »Erhöhen der Selbstliebe«,
gesprochen von Bärbel Mohr, finden Sie auf der CD »Die MOHR-
Methode«.

Grundprinzipien der Wirklichkeit

*Ereignisse, bei denen der Mensch
den Zusammenhang zwischen Ursache
und Wirkung nicht erkennt,
nennt er Zufall.*

Der Zufall

Aus dem oben Gesagten können wir also zweifelsfrei schließen, dass es den Zufall als solchen, wie wir ihn kennen, nicht gibt. Zufall ist das, was uns zufällt. Nicht mehr und nicht weniger. Alle Wirkungen beruhen auf einer Ursache. Und diese Ursache legen – was uns betrifft – in jedem Fall wir selbst.

Aus dem Biologie-Unterricht ist mir (Clemens) immer noch ein Beispiel über die Wirtstiere in Erinnerung, das mich heute noch zutiefst beeindruckt:
*Wirtstiere sind, wie Sie vielleicht wissen, Lebewesen, die von anderen Organismen (auch Schmarotzer genannt) als Lebensraum genutzt werden. Nun gibt es auch Schmarotzer, die im Laufe ihres Lebens oder auch ihrer Entwicklung mehrere solcher Wirtstiere »bewohnen«. So zum Beispiel der kleine Leberegel, ein mikroskopisch kleines Tier. Dessen Entwicklung sieht folgendermaßen aus:
Der kleine Leberegel lebt im Darm des Schafes. Die Eier, die er legt, können sich nun aber nicht im Schaf entwickeln, sondern müssen auf*

eine abenteuerliche Reise. Zunächst werden sie über den Kot ausgeschieden. Der nächste Wirt, den sie zu ihrer Entwicklung brauchen, ist eine Landschnecke, die die Eier frisst.

Hier nun schlüpft die erste Generation des Leberegels und entwickelt sich auch zur zweiten Generation, die ganz anders aussieht (es findet ein so genannter Gestaltwechsel statt).

Nun muss aber diese zweite Generation, um sich endgültig in einen »fertigen« Leberegel verwandeln zu können, wieder zurück ins Schaf.

Diese zweite Generation wird von der Schnecke also wieder ausgeschieden und nun von Ameisen gefressen. Dort wandern die Organismen in die Leibeshöhle und eine einzige in das so genannte Unterschlundganglion.

Dies veranlasst die Ameise, durch die Anregung der Mundwerkzeuge, am nächsten Grashalm, den sie finden kann, nach oben zu krabbeln und sich dort festzubeißen. Sie erleidet einen Krampf der Mundwerkzeuge und kann sich nicht mehr lösen. Aufgrund dieser exponierten Stellung können die Ameisen sehr leicht von den Schafen bei ihrer normalen Nahrungsaufnahme mitgefressen werden.

Der kleine Leberegel ist also wieder dort, wo er hingehört. Er entwickelt sich hier nun weiter zu seiner endgültigen Form, er wird also erwachsen, legt selbst Eier und das Spiel beginnt wieder von vorne.

Wenn Sie das nächste Mal eine Ameise auf einen Grashalm klettern sehen, würden Sie das vor diesem Hintergrund noch als Zufall betrachten?

**Es gibt keinen Zufall! Es gibt nur Ereignisse,
bei denen wir den Zusammenhang zwischen Ursache
und Wirkung noch nicht kennen!**

Würde es den Zufall als das, was man gemeinhin darunter versteht, wirklich geben, gäbe es mit Sicherheit unsere gesamte Welt nicht mehr. Der gesamte Kosmos läuft mit einer solchen Präzision ab, wie es sich kein Mensch ausdenken könnte. Versuchen

Sie nur für einen Tag, die Abläufe in Ihrer Familie zum Beispiel dem Zufall zu überlassen:

Falls der berufstätige Partner oder die Kinder zufällig von der Arbeit nach Hause kommen und der zufällig angetraute Ehepartner oder das größere Kind ihnen zufällig das Essen gekocht hat, dann können sie zufällig essen. Vorausgesetzt, dass zufällig auch Messer und Gabel vorhanden sind, sonst könnten sie sich zufällig ganz schön die Finger verbrennen.

Absurd, nicht wahr?

Wir sollten uns hüten, bestimmte Vorkommnisse als Zufall abzutun, nur weil wir nicht in der Lage sind, den Zusammenhang zu verstehen.

Alles, was passiert, ist geplant!

Es geschieht nichts aus Zufall: kein Treffen zweier Menschen, keine Verspätung, kein Verkehrsunfall.

Alles ist Teil eines großen Planes.

Und diesen Plan gestalten wir Menschen, durch die Anwendung der hier beschriebenen psychischen Grundlagen, durch die Art unserer Gedanken und somit durch die Prägungen im Unterbewusstsein. Wir gestalten den Plan und doch sollte uns immer klar sein, dass wir mit unserem mickrigen Verstand niemals die genaue Kontrolle über diesen Plan erlangen werden. Dazu sind die im individuellen und vereinigten Unterbewussten abgelegten Informationen und Abläufe viel zu komplex. Unserem Ego, dem Teil, den wir als menschliches Ich begreifen, würde sofort jede Sicherung durchbrennen, wenn es alle für ein Ereignis relevanten Daten auf einmal wahrnehmen müsste. (Dagegen gibt es ja schließlich die gefilterte Wahrnehmung!)

Beim Anwenden der Mohr-Methode heißt das für uns: Wir bestimmen das Ziel und die Richtung, indem wir eine klare Absicht formulieren, aber jedwede Details zur Zielerreichung überlassen wir den vereinigten Kräften des Universums und all seinen so genannten Zufällen. Und da können Sie wirklich fast jeden erfolgreichen Universumsbesteller oder sonstigen Mental-programmierer fragen: Der Weg, auf dem geliefert wird, ist fast immer eine riesengroße Überraschung. Da wäre man mit dem Verstand nie draufgekommen. Warum also lange herumgrübeln, wenn man sich sowieso darauf verlassen kann, dass der Verstand zu klein ist, um die Gesamtlage im Blick zu haben?!

Wir können uns daher schon mal merken, dass dieser Zufall die Art des Universums ist, an unseren Zielen (bewussten oder unbewussten) zu arbeiten. Für unsere Zielerreichung wird daher wichtig sein, das Ziel zu formulieren, sich mit dem Kosmos und dem Unterbewussten zu verbinden und darauf zu vertrauen, dass diesen beiden mindestens tausend mehr Wege zur Zielerreichung einfallen als irgendeinem, im kleinen menschlichen Kopf einge-sperrten Verstand. Schon allein deshalb, weil das Unterbewusste über eine irrsinnig viel größere Datenmenge verfügt als unser Tagesbewusstsein.

Ein Beispiel aus meinem (Bärbel) Leben:
Vor fast zwanzig Jahren hatte ich eine kenianische Freundin. Als ich mich vor kurzem entschied, als nächstes Au-pair ein Mädchen von einer Agentur, die mit Afrika zusammenarbeitet, zu nehmen, wurde ich natürlich an meine alte Freundin erinnert, die damals in Deutschland studiert hatte und dann wieder zurück nach Kenia gegangen war. Ich wünschte (bzw. bestellte, aber das ist ja egal) mir, sie wieder zu finden.
Der Verstand mit seinen mickrigen Vorstellungen überlegte hin und her, wie das wohl gehen könnte. Ich suchte mit der Suchmaschine im Internet, fragte an ihrer Uni in Deutschland und an der in Nairobi nach – ohne Erfolg.
Der Verstand sah keine Möglichkeit mehr. Dann kamen die ersten Vorschläge der Au-pair-Agentur. Und siehe da, eines der Mädchen hatte einen ganz ähnlichen Nachnamen wie meine Freundin und es war ebenfalls aus Nairobi. »Ob das Zufall ist oder ein Zeichen?«, überlegte ich und nahm prompt dieses Mädchen, das mir schon durch

den Nachnamen sympathisch war. Eine gute Entscheidung, wie sich zeigte. Denn das Jahr mit ihr verlief sehr gut und im Jahr darauf kam ihre Zwillingsschwester ebenfalls als Au-pair zu uns.

Kurz vor dem Wechsel jedoch mailte mir der Vater der beiden Mädchen, dass er einer alten Freundin von mir in Nairobi begegnet sei... Möchte jemand raten, wer das war? Natürlich meine alte Freundin, die ich schon ein Jahr zuvor zu suchen begonnen hatte. Meinem Verstand war nichts Wirkungsvolles eingefallen, wie ich sie hätte finden können. Aber das Unterbewusste, das mit dem Ganzen verbunden ist, hatte offenbar kein Problem mit der Sache: Es lenkte meine Aufmerksamkeit mit einem kleinen Zufall (ähnlicher Nachname) auf die richtige Familie und kreuzte dann geschickt die Wege vom Vater meines Au-pairs mit dem meiner Freundin. Was für ein Zufall!

Einfach genial, oder? Oder würden Sie nach diesem Beispiel noch behaupten wollen, es lohne sich, wenn einer sich den Kopf zerbricht, wie ein schwieriges Ziel je erreicht werden kann? Überlassen Sie alle Details dem Kosmos. Das ist mein Rat.

Absolute Eigenverantwortlichkeit

Was meinen Sie wohl: Wie viele Gedanken können wir in einem Moment bewusst denken?
Fünf, zehn, hundert, tausend?
Sicher gehen uns oft Hunderte von Gedanken durch den Kopf!
Doch wenn Sie genau darauf achten, werden Sie feststellen, dass diese »hundert Gedanken« nicht in einem Moment, sondern immer nur hintereinander, einer nach dem anderen kommen. Die Abstände zwischen den einzelnen Gedanken betragen mitunter nur Bruchteile von Sekunden, so dass wir meinen könnten, sie kämen alle auf einmal. Aber wir können immer nur einen Gedanken in einem Moment denken!
Und wer entscheidet, was wir denken?
Unser Umfeld, die Werbung, unser Partner, unsere Eltern?

Sicher sind wir durch unsere Erziehung oder unsere Mitmenschen in bestimmter Hinsicht geprägt, aber letztendlich entscheidet jeder selbst, was er denkt. Sogar eine massive körperliche Bedrohung kann Sie nicht dazu bringen, etwas Bestimmtes zu denken. Wir entscheiden, jeder für sich, was wir denken! Wir alleine sind für unsere Gedanken verantwortlich!

Und wenn wir nun wissen, dass wir immer nur einen Gedanken auf einmal denken können, und wenn nur wir alleine verantwortlich sind für die Inhalte unserer Gedanken und wenn wir darüber hinaus erfahren haben, dass unsere Gedanken verantwortlich sind für unser Leben: Wer entscheidet dann über unser Leben. Wer ist verantwortlich für uns?

Genau! Wir selbst, ganz alleine!

Übernehmen wir also die Verantwortung für alles, was uns betrifft. Wir schaffen ja schließlich unsere Welt selbst, wer sollte sonst dafür verantwortlich sein.

**»Jeder bekommt das, was er verdient.
Aber nur der Erfolgreiche gibt es zu.«**

Noch einmal:

Wie oft erzählen wir, was wir alles erreicht haben, aber auch, was uns nicht gelungen ist und wer anderes daran schuld ist.

Wer anderen Personen oder Umständen Macht über das eigene Leben zugesteht, wird immer in der Erwartung leben, dass der eigene Plan wieder und wieder durchkreuzt wird.

Erst wenn wir in vollem Umfang die Verantwortung für all das übernehmen, was uns heute umgibt, erst dann haben wir die Chance, unsere Zukunft auch voll eigenverantwortlich so zu gestalten, wie wir sie haben wollen.

Solange wir mit dem Finger auf andere zeigen und denen die Schuld zuweisen, solange müssen wir auch warten, bis diese anderen irgendetwas ändern, damit es uns besser geht.

Und darauf müssen wir mitunter lange warten!

Mit dem Wissen und dem Verständnis dieser psychischen Grundlagen haben wir sozusagen den schwarzen Peter gezogen. Ich denke jedoch, dass es eher ein weißer Peter ist, ein Joker auf unserem Weg zu Glück, Gesundheit, Harmonie, Liebe, Erfolg, Reichtum und was wir uns sonst noch alles wünschen können.

Geben und Nehmen

Sie kennen sicher den Spruch »Wie man in den Wald hineinruft, so schallt es zurück«.

Bestimmt haben Sie in Ihrem Leben häufig die Erfahrung gemacht, dass da wohl etwas dran sein muss.

Vielleicht wurde diese Erfahrung auch noch von verschiedenen Seiten bestätigt, dass dies tatsächlich so sei, dass »alles irgendwie wieder auf einen selbst zurückkommt«. Vielleicht haben Sie ja auch in der Bibel gelesen, dass wir immer das ernten, was wir gesät haben.

Und wenn Sie sich die Ausführungen weiter vorne nochmals vergegenwärtigen, werden Sie feststellen, dass es gar nicht anders sein kann! Erinnern wir uns:

Alles, was wir denken – und somit auch sagen, tun und wahrnehmen – wird im Unterbewusstsein gespeichert. Alles, was wir oft genug und/oder mit viel Gefühl denken, führt zu einer Prägung, einem Automatismus. Und folglich werden wir automatisch gemäß der neuen Prägung handeln, wahrnehmen, auswählen und ausgewählt werden.

Verhalten wir uns also häufig auf eine ganz bestimmte Art und Weise, so wird dieses Verhalten zwangsläufig auch dazu führen, dass wir Menschen mit gleichen Prägungen geradezu anziehen – unbewusst, versteht sich. Und hierbei ist es egal, ob der andere sich genauso verhält wie wir oder ob er einfach nur das Gegenstück dazu ist.

Ein Beispiel:

Peter (17) ist in einem Elternhaus großgeworden, in dem er sehr viel Gewalt erlebt hat, psychische, aber mehr noch physische Gewalt in Form von Schlägen. Durch diese Erlebnisse – häufig und sicherlich mit sehr viel Gefühl – wurde das Thema körperliche Gewalt bei ihm zu einer Prägung. Dies führte nun dazu, dass er heute versucht, seine Probleme automatisch zunächst mit Gewalt zu lösen. Dass dieses Verhalten natürlich auf Gegengewalt in seiner Umwelt stößt (die andern schlagen halt zurück), ist der eine Punkt.

Zum anderen wird er sich aber gemäß seiner Prägungen auch immer den Freundeskreis suchen, der ähnlich programmiert ist. (Wir kennen dies auch unter der Bezeichnung »Milieu«). Er wird aber durch seinen Kontakt mit anderen gewalttätigen Jugendlichen sehr viel mehr mit Gewalt in Kontakt kommen, als dies in einer friedfertigen Gruppe der Fall wäre. Durch diese Tatsache wird er natürlich seine Prägung zum Thema Gewalt immer mehr verstärken. Sie sehen, ein Teufelskreis!

Es kommt noch ein weiterer Punkt hinzu: Durch seine Prägung auf Gewalt ist er auch ein potenzielles Opfer. Sie erinnern sich an die Ausführungen im Kapitel zur gefilterten Wahrnehmung. Ein Täter wird sich denjenigen zum Opfer aussuchen, der ebenfalls eine Prägung auf Gewalt vorweist. Sei es, weil er vielleicht Angst vor Gewalt hat (also eher passiv) oder aber, wie bei Peter, weil er selbst gewalttätig ist (also aktiv). Auch dieses Erleiden von Gewalt bestätigt und verstärkt seine Prägung. Auch hier wieder der Teufelskreis. Bis zu dem Tag, an dem Peter seine Automatismen ändert und beispielsweise mit den Übungen zur Stärkung des Selbstwertgefühles anfängt!

Sie sehen, es kommt alles wieder. Am Beispiel von körperlicher Gewalt ist es sicherlich für viele einleuchtend: Klar, wer schlägt, der wird geschlagen. Weniger deutlich, aber genauso wirksam, funktioniert dieses Prinzip jedoch auch bei allen anderen Verhaltensweisen.

Nehmen wir das Beispiel Diebstahl. Wer ärgert sich nicht darüber, wenn ihm die Brieftasche gestohlen wird? Aber auch hier gilt das Gleiche. Es kommt alles zurück. Zum Trost für Sie können

Sie sich also vorstellen, dass dem Dieb auch demnächst etwas gestohlen wird!

Da dies allerdings wenig hilfreich ist in diesem Moment, denken Sie doch einmal in die andere Richtung.
Wenn Sie also bestohlen wurden und wenn es für alles eine Ursache gibt, wenn alles wieder zum Verursacher zurückkommt, dann fragen Sie sich doch einmal: Wann haben Sie das letzte Mal gestohlen?
Wer von Ihnen jetzt wirklich einmal bestohlen wurde und sich als ehrlichen Menschen empfindet, der wird jetzt – zumindest innerlich – laut aufschreien!
Aber überlegen Sie doch einmal: Man kann auch jemandem die Zeit stehlen. Oder der zum Volkssport gewordene Versicherungsbetrug. Haben Sie vielleicht beim letzten Haftpflichtschaden etwas gemogelt? Oder gehören Sie zu den Leuten, die falsch herausgegebenes Geld – zu Ihren Gunsten, versteht sich – an der Supermarktkasse locker einstecken. Es gibt viele Möglichkeiten, wie man sich – ohne es zu merken – auf Diebstahl programmieren kann.
Sich auf Diebstahl (auch von Zeit und anderen Dingen) zu programmieren hat oft damit zu tun, dass man dem Leben nicht vertraut, dass es einen mit allem versorgen wird. Dieses Muster erzeugt aber immer mehr Mangel. Es ist wie ein Virus der Armut, der einem so lange auf der Pelle hocken bleibt, bis man den Kreislauf endlich bewusst durchbricht.

Ein Beispiel aus meiner Vortragstätigkeit (Bärbel):
Ich hatte privat jemanden kennen gelernt, mit dem ich mich nett unterhalten hatte und der zufällig (vielleicht sollten wir lieber sagen: resonanz-fällig) in der folgenden Woche in genau der Stadt zu Besuch war, in der ich in jener Woche einen Vortrag in einer Buchhandlung hielt. Ich sagte ihm, dass der Vortrag komplett ausverkauft sei und dass die Buchhandlung bereits 500 Leuten hatte absagen müssen! Es würde also ohne jeden Zweifel wirklich voll werden. Dennoch könnte

105

ich sicherlich mit Einverständnis der Buchhandlung EINE Person privat noch irgendwo in einer Ecke unterbringen. Er würde auch nichts bezahlen müssen, ich lud ihn ein und sagte ihm, ich würde ihn persönlich am Eingang abholen, da er ansonsten gewiss nicht reingelassen würde.

Was machte dieser an sich freundliche, aber offenbar mit dem Muster der Angst nicht genug zu bekommen behaftete Mensch? Er kam wie bestellt, und da ich noch etwas mit der Leitung der Buchhandlung zu besprechen hatte, sandte ich meinen Lebensgefährten aus ihn abzuholen. Da stand jener Mensch und hatte unverfroren noch zwei Freunde mitgebracht und alle drei schlichen sich ohne zu bezahlen rein. Mein Lebensgefährte war so verdattert, dass er nicht gleich reagierte, sondern sich fragte, ob er was falsch verstanden hätte.

Oben im Vortragsraum angekommen quetschen die drei sich irgendwohin und ich wunderte mich kurz, dass die Dame von der Buchhandlung mich etwas indigniert von der Seite ansah. Schließlich hatten wir EINE Privateinladung ausgemacht und nicht drei. Da ich zu dem Zeitpunkt noch keine Ahnung hatte, hielt ich die zwei Zusatzpersonen auf dem Notsitz für Personal aus der Buchhandlung und verstand den Ärger der Abteilungsleiterin gar nicht.

Auch nach dem Vortrag wurden mir die Zusatzpersonen keineswegs vorgestellt, sondern sie kamen – so uneingeladen wie eh und je – mit ins Cafe auf einen Drink. Erst als ich sie fragte, ob sie beide in der Buchhandlung arbeiten würden und die Abteilungsleiterin etwas harsch verneinte, noch bevor die beiden erklären konnten, wer sie waren, wurde mir klar, was passiert war.

O.k., es ist keine große Sache und weder ich noch die Buchhandlung haben irgendwelche echten Nachteile dadurch erlitten. Aber der flüchtige Bekannte hat einen ganz deutlichen Nachteil erlitten. So gehandelt hat er – aus meiner Sicht – aufgrund eines Nichtverstehens gewisser geistiger Gesetzmäßigkeiten. Er hat ein wenig schmarotzt und weiß offenbar nicht, was er damit in die Welt hinaussendet, nämlich massives Armutsbewusstsein. Ist doch klar, dass ich den nie wieder irgendwohin einlade, wenn er gleich den ganzen Arm grabscht, wenn ich ihm den kleinen Finger biete.

Er rief mich kurz darauf zu Hause noch einmal an und sprach mir auf Band, dass er eine ganz tolle Idee *für mich* hätte und dass ich ihn unbedingt anrufen *müsse*. Auch da quillt der Mangel an Vertrauen, dass das Leben ihn immer mit den richtigen Dingen und Menschen versorgen wird, aus allen Poren.

Die Wahrheit ist wohl eher, dass *er* etwas wollte und mich dorthin manipulieren wollte. Aber mit dem Wort »müssen« allein kann er für alle Zeiten jede Hoffnung fahren lassen, dass ich zurückrufe. Im Gegenteil: Ich habe ihn gleich wieder aus meinem Adressbuch herausradiert.

Und so verfahre nicht nur ich, so verfahren Sie sicher auch und so verfährt das ganze Leben. Es sind oft ganz kleine Impulse, ein falsches Wort, eine ungünstige Energie, ausgesandt aufgrund innerer Automatismen, mit der man sich haufenweise Chancen im Leben selbst versaut, und leider merkt man es oft nicht, weil man die Sache mit dem Spiegel und der Verantwortung für das, was man sät, nicht kapiert hat.

Wenn wir aber alle damit beginnen, dieses Verursacherprinzip anzuerkennen, kann erstens unsere Welt ehrlicher und friedlicher werden und zweitens wird unsere Selbstverwirklichung endlich funktionieren. Und das Beruhigende daran ist außerdem, dass wir die »guten Taten« eigentlich nicht den anderen zu Liebe tun, sondern für uns selbst. Wir verhalten uns ehrlich, damit auch wir ehrlich behandelt werden. Jeder Betrug, jede Lüge, jedes lieblose Verhalten ist ein Eigentor. Es kommt alles wieder!

Jetzt kennen Sie aber vielleicht einen erfolgreichen Geschäftsmann, der nur über Betrug zu seinem Reichtum gekommen ist. Und dessen Geschäfte hervorragend laufen. Wo kommt es denn da zurück!?
Nun, sicher werden wir eine Untat von heute nicht unbedingt schon morgen wieder erleiden müssen. Das dauert mitunter schon etwas. Aber in einem solchen Fall sollten Sie einmal hinter die Kulis-

sen schauen. *Betrachten Sie zum Beispiel das Privatleben dieses Geschäftsmannes etwas genauer, seine Partnerschaft, seine Familiensituation oder aber auch seine Gesundheit. Ich bin sicher, dass Sie bei genauer Betrachtung ganz schnell feststellen, wo er es zurückbekommt.*

**Wir bekommen alles wieder,
nur häufig nicht von dem, dem wir geborgt haben.**

Die psychischen Gesetzmäßigkeiten erfüllen sich immer. Häufig ist es – zugegebenermaßen – nicht ganz offensichtlich, wo denn nun die Ursache liegt. Aber glauben Sie mir, sie ist da und Sie haben sie gesetzt.

Aber das ist kein Vorwurf, keine Schuldzuweisung. Es geht lediglich um das Erkennen von Ursache und Wirkung. Bin ich mir darüber im Klaren, dass ich alle Dinge um mich herum verursache – direkt oder indirekt –, dann habe ich plötzlich ganz andere Möglichkeiten im Leben.

Ich kann es mir sparen mich über jemanden aufzuregen, der mir irgendetwas angetan hat. Ich kann mich vielmehr fragen: Wodurch habe ich es verursacht? Habe ich es gefunden, dann verändere ich eben diese geistige Einstellung, dieses Verhalten und habe somit die Ursache behoben.

Wenn ich immer nur mit dem Finger auf die anderen, die Bösen zeige und nicht meine Prägung, die das Ganze mit verursacht hat, ändere, wird es mir wieder und wieder passieren.

Und das kennen wir alle, dass uns mitunter immer wieder die gleichen Dinge passieren.

Ein Beispiel aus meiner (Clemens) Seminartätigkeit:
Ein Seminarteilnehmer, Klaus, hatte folgendes Problem. Innerhalb von zwei Wochen hatte er drei Auffahrunfälle. Aber, und das war das Kuriose, er hatte nicht einen davon selbst verschuldet. Immer war ihm ein anderer Autofahrer hinten draufgefahren.
Schicksal? Pech? Oder einfach Zufall?

Nun, er war offen genug keines davon anzunehmen. Also setzten wir uns zusammen und überlegten, »was es ihm wohl sagen könnte«. Ein Auffahrunfall ist ein recht kräftiger Anschub von hinten. Wäre er in diesen Situationen selbst schneller gefahren (einmal ganz davon abgesehen, ob ihm dies möglich gewesen wäre), wäre es vermutlich nicht zu dem Unfall gekommen. Also fragte ich ihn: »Gibt es in deinem Leben zur Zeit Situationen, in denen du nicht recht voran kommst, in denen du immer wieder von außen angeschoben werden musst?«

Eine knappe Zehntelsekunde später kam schon die Antwort: »Oooohhhh, ja!«

Es stellte sich heraus, dass er beruflich (apropos Beruf – es war ein Firmenfahrzeug!) in einer Sackgasse steckte und nicht recht bereit war, eine konkrete Entscheidung zu treffen, obwohl er von Seiten seiner Frau immer wieder hierzu angestoßen wurde.

Er erkannte, dass seine Unfälle einfach nur die Folge seiner Unentschlossenheit waren, ein Zeichen, dass er einen Anschub brauchte. Den gab er sich dann aber selbst, indem er innerhalb eines Tages eine definitive Entscheidung traf, zum Wohle seines beruflichen Weiterkommens, zum Wohle seiner Familie und nicht zuletzt zum Wohle seiner Unfallstatistik. Seit diesem Zeitpunkt – und das ist immerhin fünf Jahre her – fährt er unfallfrei.

Sie kennen sicherlich den Spruch, dass Geben seliger sei als Nehmen. Oft wird er jedoch missbraucht, auch aus Unkenntnis des tatsächlichen Hintergrundes.

Sie wissen: Wir bekommen alles wieder.

Wenn Sie nun zu den Menschen gehören sollten, die lieber nehmen als geben, haben Sie zwangsläufig eine Prägung »Nehmen«. Sie werden also gemäß Ihrer Wellenlänge auch schwerpunktmäßig Menschen anziehen, die nehmen. Sie finden also gar keinen (oder eben nur wenige), die geben. Also können Sie gar nicht so viel nehmen, wie Sie vielleicht möchten. Im Extrem wird es noch deutlicher: Wenn alle nur nehmen, ist gar keiner da, der gibt. Und wenn keiner gibt, dann müssen wir es uns eben so holen.

Und das nennt man dann Diebstahl. Aber auch der kommt ja bekanntermaßen zurück.

Wenn Sie also etwas bekommen wollen, müssen Sie einfach anfangen zu geben. Und je mehr Menschen geben, desto mehr werden auch etwas bekommen. Auch hier wieder im Extrem: Wenn jeder gibt, bekommt auch jeder. Zwangsläufig.

Sie sehen, Geben ist tatsächlich seliger denn Nehmen. Geben ist die Voraussetzung, um überhaupt nehmen zu können.

Aber Vorsicht! Es gibt nun ganz Raffinierte, die wollen das für sich ausnutzen. Sie sagen sich: »Um zu bekommen, muss ich also vorher geben.« Also geben sie. Doch das ist nicht gemeint mit geben. Das ist investieren. Sie geben ja nicht wirklich, sie sind ja im Hinterkopf schon wieder beim Nehmen. Sie denken immer nur ans Wiederbekommen.

Geben ist aus freien Stücken geben.
Geben ist ohne Erwartungen geben.
Geben ist geben dem anderen zu Liebe.

So funktioniert das Prinzip. Helfen Sie anderen aus reinem Herzen und Ihnen wird geholfen werden. Schenken Sie einem Freund freiwillig einen Teil Ihrer Zeit und Sie werden beschenkt werden. Ja, geben Sie Geld für Bedürftige und Sie werden Geld wiederbekommen.

Gerade auch beim Geld wird deutlich, dass das Universum immer auf Wachstum ausgelegt ist. Wir erhalten immer mehr zurück, als wir gegeben haben. Toll, was!

Dummerweise gilt das auch bei allem anderen. Bei Unfreundlichkeiten, Hass oder Gewalttätigkeiten.

Wir bekommen alles wieder.

Noch ein Hinweis: Erwarten Sie bitte nicht, dass Sie genau von demjenigen wiederkriegen, dem Sie etwas gegeben haben. Sehen Sie das gemeinsame Unterbewusstsein eher wie eine große Bank, die Lebensbank! Und alles, was Sie auf diese Bank einzahlen, bekommen Sie wieder. Und zwar mit Zins und Zinseszins.

110

Nicht unbedingt sofort, aber mit absoluter Sicherheit. Achten Sie deshalb darauf, dass Sie bei all Ihren Vorhaben und Handlungen stets das Wohl aller Beteiligten im Sinn haben. Wenn auch nur einer dabei Schaden leidet, wird dieser Schaden auf Sie zurückfallen. Garantiert!

Willkommen im Club

Urlaubsszene – Strand, Sonne, Meer, Ferienclub.
Wer kennt sie nicht, ob nun aus eigener Anschauung und Erfahrung oder einfach aus dem Prospekt.
Pauschal im Preis für Unterkunft und Verpflegung ist auch eine Unmenge Aktivitäten mit enthalten. Von früh am Morgen bis spät in die Nacht finden die tollsten Animationen statt, werden die waghalsigsten Sportarten kostenlos angeboten. Jeder im Club hat die Möglichkeit, alles in Anspruch zu nehmen, was seinem Geschmack entspricht. Und ein guter Club ist es sich schuldig, wirklich für jeden Geschmack etwas dabei zu haben.
Sicher wird nicht jeder Feriengast alle Angebote in Anspruch nehmen, man ist ja schließlich im Urlaub, aber möglich wäre es rein theoretisch schon. Bei Interesse, wohlgemerkt.
So trifft man sich denn am Abend an der Bar mit anderen Clubmitgliedern und tauscht die neu gewonnenen Erfahrungen aus. Der eine war heute tauchen. Toll war es, ganz phantastisch. Riesige Fischschwärme hat er durchschwommen und sogar – was für ein Zufall – ein altes Schiffswrack entdeckt.
»Igitt«, sagt seine Nachbarin, »wenn ich mir vorstelle, was dort unten alles für Viecher leben! Mich würdet Ihr dort nie hinunter kriegen!«
»Das macht mir gar nichts«, sagt eine andere, »ich glaube, das könnte mir sogar ganz gut gefallen. Ich werde also morgen auch zum Tauchen gehen.«
Und so erzählt man, tauscht Erfahrungen aus, gibt Tipps und plant selbst für die nächsten Tage sein eigenes Programm.

Warum ich das erzähle? Nun, in unserem Ferienclub hat jeder Gast die gleichen Möglichkeiten, jeder kann alles unternehmen und erleben, wenn er es will. Und niemand käme auf die Idee, den, der da gerade vom Tauchen erzählt hat, darum zu beneiden. Warum auch, wenn ich selbst Interesse daran habe, kann ich es ja genauso tun.

Alle Gesetzmäßigkeiten, die hier aufgezeigt werden, gelten ausnahmslos für alle Menschen. Jeder von uns, egal welcher Abstammung, mit welcher Bildung oder welchen Beziehungen, ist diesen Gesetzen unterworfen bzw. kann sich ihrer bedienen. Jeder hat die gleichen Chancen, wenn er die Gesetze beachtet und richtig anwendet. Wir sind also auch hier im gleichen Club. Jeder kann das Gleiche erleben, lernen, erreichen. Diese Tatsache sollten wir uns ganz klar vor Augen halten:

Jeder hat die gleichen Chancen.

In dem Buch »Hühnersuppe für die Seele« ist eine Studie an einer Schule in den Slums von Baltimore dazu aufgeführt. Es wurden Fallstudien von 200 in den Slums lebenden Jugendlichen erstellt. Allen bescheinigte man Null Chancen Lesen und Schreiben zu lernen, Null Chancen je einen Beruf zu erlernen und Null Chancen je die Slums zu verlassen.

Zwanzig Jahre später hatten dennoch 176 von 180 wieder aufgefundenen Jugendlichen von damals alles drei geschafft: Sie konnten Lesen und Schreiben, hatten einen Beruf ergriffen (es waren sogar Ärzte, Unternehmer und Rechtsanwälte dabei) und sie lebten in der Stadt.

Wie hatten sie das geschafft? Alle gaben an, dass sie das nur ihrer Lehrerin verdankten, und die alte Dame sagte lächelnd, es sei ganz einfach gewesen. Sie hätte einfach all diese Jungs geliebt. Das gab ihnen die Kraft alles zu erreichen, was sie wollten.

Ist Ihnen die Macht dieser Botschaft wirklich klar? Was bedeutet sie für Ihr Leben? Vielleicht: Zurück zu dem Kapitel über die

Selbstliebe, rauskopieren, übers Bett hängen und täglich anwenden und Sie können Karriere selbst noch aus den Slums heraus machen!

Ich (Bärbel) war im Jahr 2000 in Bangladesh und habe dort Muhamad Yunus, den Gründer der Grameen-Bank für einen Filmbeitrag über ihn besucht. Seine Bank vergibt nur Kredite an arme Leute. Solche, die weder Haus noch Bildung und oftmals noch nicht einmal Schuhe besitzen, bekommen bei ihm Kredit. Ich bin mit dem Kameramann wahllos über die Dörfer gefahren und habe in jedem zweiten oder dritten Dorf »Bankfilialen« gefunden. Wir würden Fahrradschuppen dazu sagen, dort nannte man es Bankfiliale und alle waren furchtbar stolz darauf. Wir hatten einen Übersetzer dabei, haben vieles aufgezeichnet und viele Gespräche nebenbei geführt. Dabei sind wir zu ganz ähnlichen Ergebnissen gekommen, wie die Studie aus den Slums von Baltimore: Jeder kann es schaffen. Es kommt nicht darauf an, wie schlecht seine Startvoraussetzungen sind, sondern wie gut der soziale Rückhalt ist, den er hat, und ob er offen dafür ist, neue Gedankenmuster über sich selbst zuzulassen! Und darum sollten wir nie mit einem neidischen Blick auf diejenigen sehen, die genau das haben, was wir so gerne hätten. (Vorsicht: Spiegel!) Denn jeder hat die gleichen Chancen. Bei einem Start aus den Slums braucht man sicher etwas mehr Zeit, aber man kann trotzdem am Ende am gleichen Ziel anlangen!

Warum der Neid?
Wir sind im gleichen Club!
Wenn der andere etwas hat, das Sie gerne hätten, dann heißt dies ja nur, dass es existiert, und dann kann es jeder haben. Wir müssen lediglich diese Gesetze anwenden, das, was der andere zuvor ja auch schon getan hat.
Auch die großartigsten Leistungen, die phantastischsten Einkommen, die größten Erfolge sind nur im Rahmen der Clubmitgliedschaft möglich. Und wir alle, also auch Sie, sind in diesem Club.

Sagen Sie also das nächste Mal, wenn Sie hören, dass Herr Soundso für das und das eine soundso große Summe erhalten hat, nicht wie üblich: »Ja, der! Der hat ja auch die und die Voraussetzungen, die ich nicht habe.«

Vergessen Sie es! Wir sind alle im gleichen Club!

Sagen Sie vielmehr: »Das ist toll. Ich hätte nicht gedacht, dass das auch in unserem Club möglich ist!«

Und wenn Sie gerne das Gleiche erreichen möchten, ja – dann tun Sie es doch einfach. Sie haben die Möglichkeit dazu. Nehmen Sie sich die »Großen« als Vorbilder, die immer wieder die Angebotspalette des Clubs weiter erforschen und plötzlich merken, dass noch viele, bisher unbekannte Dinge möglich sind.

Der Prospekt über unseren Club wird immer dicker und wir werden wahrscheinlich nie aufhören, neue Inhalte hinzuzufügen. Und jede neue Errungenschaft ist somit auch jedem anderen zugänglich. Was auch nur einer erreicht hat, ist im Grunde für alle machbar. Der Zugriff ins gemeinsame Unterbewusstsein funktioniert von jedem Bewusstsein aus. Wenn wir nur aufhören, uns selbst zu beschränken, uns klein zu machen, können wir alles erreichen, was wir wollen. Schauen Sie sich um in der Welt, betrachten Sie die »Großen« wie einen Club-Prospekt und lernen Sie von ihnen.

Der Tellerwäscher, der zum Millionär wurde, ist im Grunde nur einer, der plötzlich seine Clubmitgliedschaft begriffen hat. Er hat einfach einmal seinen Prospekt aufgeschlagen und hat die Möglichkeiten gesehen, hat sich an der Rezeption nach dem Weg erkundigt, ist morgens zeitig aufgestanden und hat sich auf den Weg gemacht. Wenn ihm der Weg ab und zu etwas lang vorkam und er schon Zweifel hatte, ob das Ziel denn überhaupt erreichbar wäre, hat er einfach nochmals seinen Prospekt zur Hand genommen und nachgelesen. Er hat sich auch mit anderen Clubmitgliedern unterhalten, die den Weg schon gegangen sind und hat sich in den schillerndsten Farben das Ziel beschreiben lassen. Und er wusste genau, dass jeder im Club die gleichen Möglichkeiten hat, man muss halt nur den Weg gehen.

Und glauben Sie bitte nicht, dass in unserem Club, in dem alle gleich sind, die einen vielleicht »gleicher« sind als die anderen. Ich habe schon viele erfolgreiche, berühmte und reiche Menschen kennen gelernt. Aber alle haben sie die gleichen Unzulänglichkeiten wie wir alle, die gleichen Probleme, die gleichen Wehwehchen.

Es sind halt alles Menschen wie du und ich. Und wenn Sie das Gleiche erreichen wollen wie einer von diesen Erfolgreichen (oder sogar noch mehr), dann haben Sie die Möglichkeit dazu.

Wenn es je einen Menschen auf dieser Welt gab, der früher krank und später gesund war, können Sie es auch.

Wenn es je einen Menschen auf dieser Welt gab, der früher arm und später reich war, können Sie es auch.

Wenn es je einen Menschen gab, der alleine war und später in einer glücklichen Partnerschaft lebte, können Sie es auch.

Wir sind alle im gleichen Club.

Wir haben die Möglichkeit, alles im Club Mögliche zu erreichen. Vielleicht nicht von heute auf morgen, aber dennoch ganz gewiss.

Willkommen im Club!

Das Programmieren

Wir (Clemens und Bärbel) haben bei der Mohr-Methode versucht, zwar alle altbekannten und bewährten Methoden zu einem vereinfachten Ganzen zu vereinen, gleichzeitig jedoch wollen wir alle unnötigen Komplikationen beiseite lassen und möglichst schlicht und mit Bildern, die auch dem inneren Kind Spaß machen, das Unterbewusste erreichen und ihm neue, wünschenswerte Automatismen eingeben.

Damit der skeptische Teil, der in den meisten von uns noch recht lebendig ist, weil es ihm an Erfahrungen mit geistigen Kräften mangelt, zufrieden ist, wollen wir jedoch die klassischen Methoden zunächst ganz genau erläutern und als zusätzliche Einzelmöglichkeiten vorstellen. Wenn Sie die Wirkungsweise von Grund auf verstanden haben, fällt es oft leichter, diese auf ein Minimum zu reduzieren. Würden wir mit dem Minimum beginnen, würden Sie sicherlich Oberflächlichkeit befürchten. Daher beginnen wir mit den ausführlichen Einzelerläuterungen.

Ob Sie hinterher die klassischen Methoden wie Visualisieren, Affirmieren oder die komprimierte Mohr-Methode anwenden oder sogar eine ganz vogelwilde neue eigene Idee, die Ihnen beim Lesen des Buches gekommen ist, das ist wirklich und wahrhaftig total egal.

Wichtig ist, dass die Methode, die Sie anwenden, Ihnen Spaß macht, Ihnen sinnvoll erscheint und dass Sie an ihre Wirkung glauben können. Ob Sie dann letztendlich womöglich beim Universum bestellen (nach meinem ersten Buch *Bestellungen beim Universum*), sich neu kodieren oder im yogischen Kopfstand

116

Beschwörungen ans Unterbewusste und die All-Einheit murmeln ist alles gleich gut.

Es gibt Menschen, denen gefriert ganz verständlicherweise das Blut in den Adern bei so einer albernen Vorstellung wie der, beim Universum zu bestellen. Ganz klar, dann ist das nichts für Sie. Andere wiederum werden bei dieser Vorstellung von heftigem Lachen erschüttert und sitzen fassungslos vor so viel Naivität da. Noch immer kichernd geben sie eine Probebestellung auf und sind völlig perplex, wenn es funktioniert.

Da schrieb mir (Bärbel) doch beispielsweise neulich eine Leserin, dass sie dieses Buch *Bestellungen beim Universum* von Menschen geschenkt bekommen hatte, die sie bis dahin für absolut vernünftig gehalten hatte. Nun war sie schwer enttäuscht, dass diese solch einem Unsinn aufsitzen. Um sie zurück in die Bahnen der Vernunft zu befördern, gab sie zwei »unmögliche Testbestellungen« auf. Die eine war ein Parkplatz direkt vor ihrem Lieblingslokal zur Hauptbetriebszeit am Abend. Diesen bekam sie – so ein Zufall – am selben Abend geliefert.

Na gut, aber so schnell gab sie ja nicht klein bei. Bei der zweiten Bestellung würde sie es dem Universum nicht so einfach machen. Sie erstellte eine umfangreiche Liste, wie ihr Traummann zu sein hatte, und bestellte diesen.

Ihr Pech: Auch dieser wurde prompt geliefert. Er passte nur leider gerade überhaupt nicht in ihr Leben, denn sie hatte ja nicht mit einer wirklichen Lieferung gerechnet. »Und so musste sich der Arme wirklich anstrengen, um geliefert werden zu können«, schrieb sie mir. Schließlich habe sie dann doch ihr Leben umgestellt, ihn genommen und ihm gebeichtet, dass er eigentlich eine nicht ernsthaft gewollte Testbestellung gewesen sei. ☺

Wissen Sie, warum so etwas funktioniert? Weil es durch die kindliche, völlig verspielte und eigentlich furchtbar alberne Einfachheit die Tore zum Unterbewusstsein öffnet. Mit dem können Sie nämlich nicht einfach vernünftig reden und sofort macht es das, was Sie wollen. Unsere Automatismen, die meist auf starken Gefühlen und jahrelangen Wiederholungen beruhen, lassen sich nur mit starken Schlüsseln wieder aufschließen und ersetzen. Und ob Sie es glauben oder nicht: Ein glucksender Lacher kann solch ein starker Schlüssel sein.

Suchen Sie sich daher aus den nun folgenden klassischen Techniken bis hin zu den komprimierten Mohr-Methoden mit eingebautem kleinen Spieltriebfaktor diejenige Methode aus, an der Sie *jetzt* und *heute* die meiste Freude haben. Niemand schreibt Ihnen vor, dass Sie bis an Ihr Lebensende bei der gleichen Methode bleiben müssen. Wenn Sie das langweilig oder unkreativ finden, können Sie wechseln, wann immer es sich richtig anfühlt oder wann immer aus einer Methode für Sie die Luft raus ist. Vielleicht möchten Sie ja später zu dem einen oder anderen zurückkehren oder auch nicht.

Sie werden auch feststellen, dass Ihr Unbewusstes toleranter wird. Jetzt, am Anfang, möchte es sich noch an alle analytischen Erklärungen und klare Logik klammern und erlaubt nur diejenigen Änderungen, die auch Ihrem Verstand möglich und verständlich erscheinen.

Sobald Ihre Erfahrung mit sich selbst wächst, sobald Sie einen besseren Draht zu Ihrem eigenen Unterbewussten bekommen, wird es sich zu einer Art gutem Freund entwickeln, mit dem Sie sich immer öfter und immer leichter unterhalten können und dem Sie auch immer leichter und ohne viel Brimborium, das jetzt sicher noch nötig ist, Neuerungen eingeben können.

Wussten Sie beispielsweise (sorry an alle alten Bärbel-Leser, ich weiß, ihr kennt das Beispiel, aber das müssen eventuelle Neulinge einfach wissen), dass die Wissenschaft seit den 70er Jahren den physischen Sitz unseres emotionalen Gedächtnisses und unserer Intuition in der Darmummantelung vermutet? Dort gibt es Millionen von Nervenzellen, die vom Aufbau her identisch sind mit unseren Gehirnzellen. Dort sitzt unser »Bauchgefühl«. Und der Gag, warum ich dies erwähne, ist der, dass es wie bei jedem

Organ Kommunikationsleitungen zwischen dem Darm und dem Gehirn gibt. Diese Leitungen können allesamt nur Informationen in einer Richtung durchlassen. Das Besondere beim Darm ist, dass 90 Prozent dieser Informationsleitungen vom Darm zum Kopf gehen und nur 10 Prozent vom Kopf zum Darm. Das heißt auf gut Deutsch, dass unser Darm und unser Bauchgedächtnis und damit unser Unbewusstes dem Kopf viel mehr zu erzählen haben, als der Kopf dem Darm und dem emotionalen Gedächtnis.

Sie können lernen, wieder mehr von dem mitzubekommen, was da so alles hochfließt an Informationen. Solange Sie denken, das Unterbewusste steuere nur Ihre Atmung und das war es mehr oder minder, liegt ein großer Teil Ihrer Möglichkeiten mit dem Unterbewussten zu kommunizieren einfach brach. Das können Sie ändern. Und es ändert sich automatisch, Stück für Stück, mit jeder Übung, die Sie aus beispielsweise diesem Buch machen!

1. Bilder

Die Arbeit unseres Unterbewusstseins läuft zu einem Großteil über Bilder. Alles, was wir denken, was wir hören oder lesen, bauen wir intern in unserem »Biocomputer« Gehirn in Bilder um. Verschiedene Beispiele können dies verdeutlichen:

Nehmen wir zunächst das Lesen. Wenn Sie einen Roman lesen und anschließend die Verfilmung in einem Kino sehen, sind Sie meist enttäuscht. Aber warum? Weil Sie den ganzen Film schon gesehen haben. Nämlich Ihren Film. Beim Lesen läuft innerlich die Handlung vor unserem geistigen Auge mit. Wir machen uns davon – wie es so schön heißt – ein Bild.

Sehen wir nun die Verfilmung im Kino, vergleichen wir unbewusst die Bilder unseres Films mit denen auf der Leinwand. Da der innere Film eher unserem Geschmack entspricht – wen wundert's, wir haben ihn ja schließlich selbst inszeniert – gefällt uns meist der Kinofilm nicht.

Oder stellen Sie sich einmal folgende Situation vor:

Vor Ihnen am Boden liegt ein ca. sechs Meter langes Brett, eine Baubohle. Sie wissen, solche dicken, verstärkten Bretter, die breit genug sind, um darauf gehen zu können und stabil genug, dass ein ausgewachsener Bauarbeiter samt Schubkarre gefahrlos darüber laufen kann. Dieses Brett liegt also nun vor Ihnen, aber nicht flach auf dem Boden, sondern an beiden Enden ist es auf einen Ziegelstein gelegt. Der Abstand zum Boden beträgt also einige Zentimeter und beim Drübergehen wird es etwas wippen.

Wenn ich Sie nun bitten würde, über dieses Brett zu gehen, würden Sie dies vermutlich bedenkenlos tun.

Ihre Entscheidung hierzu fällt aber aus einem besonderen Grund. In dem Moment, wo ich Ihnen diese Aufgabe stelle, werden Sie innerlich ein Bild von sich sehen, wie Sie über dieses Brett laufen. Sie beurteilen blitzschnell, ob dieses innere Bild von Ihnen gewollt ist oder nicht. Wenn ja, so entscheiden Sie sich – wie in unserem Beispiel – dafür.

Legen wir nun aber das gleiche Brett in zwanzig Meter Höhe von einem First zum andern und ich bitte Sie, darüber zu gehen, wird Ihre Entscheidung vermutlich ganz anders ausfallen. Warum eigentlich? Es ist das gleiche Brett, es hat die gleiche Breite und es federt ebenfalls. Nun, die Antwort liegt wieder in den inneren Bildern. In diesem Fall werden Sie wahrscheinlich ein Bild sehen, dass es nicht funktioniert, dass Sie herunterfallen, vielleicht sehen Sie auch schon Notarzt und Krankenwagen.

In diesem Fall beurteilen Sie das innere Bild klarerweise als nicht gewollt und lehnen das Angebot also dankend ab.

Natürlich liegt hier eine mögliche Gefahr vor. Ob Sie eine Situation aber als potentiell gefährlich oder ungefährlich einschätzen, liegt an Ihrer Einschätzung. Und die wiederum hängt von Ihrer Vorgeschichte ab, von Ihren Prägungen, von Ihren inneren Bildern.

Der einzige Unterschied zwischen beiden Situationen ist also lediglich die Art der inneren Bilder. Wären Sie im zweiten Fall in der Lage, sich innerlich über das Brett gehen zu sehen, so würden Sie es wahrscheinlich auch versuchen. Und könnten Sie dieses Bild des Erfolges während des ganzen Weges aufrechterhalten, so würden Sie es auch problemlos schaffen.

Wenn wir also unser Unterbewusstsein neu prägen wollen, so ist es sinnvoll, sich direkt seiner Sprache, also der Bilder, zu bedienen. Hierbei ist es nun unerheblich, ob diese Bilder aus der so genannten Realität kommen oder ob wir sie uns nur einbilden. Das Unterbewusstsein kann beides nämlich nicht unterscheiden.

Wir können uns diesen Vorgang so vorstellen, als ob in unserem Kopf eine Leinwand angebracht wäre. Von dieser Leinwand werden die Bilder ins Unterbewusstsein abgelegt. Ob die Bilder nun von außen durch unser Auge auf diese Leinwand geworfen werden oder ob wir sie von innen ähnlich einem Projektor projizieren, ist vollkommen gleichgültig. Der Effekt ist der gleiche.

Gehirnforscher haben Versuchspersonen ein Objekt ansehen lassen und haben gleichzeitig kontrolliert, welche Bereiche im Gehirn dabei aktiviert werden. Dann baten sie die Probanden die Augen zu schließen und sich das gleiche Objekt in Gedanken vorzustellen. Ergebnis: Es wurden dieselben Bereiche im Gehirn aktiviert wie zuvor. Die Forscher schließen daraus, dass unser Gehirn zwischen echter und vorgestellter Realität nicht unterscheiden kann.

Wobei wir das eigentlich schon gewusst haben, denn wenn ich mir vorstelle in eine Zitrone zu beißen, dann ruft das den gleichen Speichelfluss hervor, wie wenn ich es wirklich tue.

Da nun aber die Bilder in unserer äußeren Welt nicht immer sehr positiv sind, wir also nicht unbedingt von den negativen Realitäten neu geprägt werden sollten (wir haben sie ja bereits verursacht!), können wir uns neue, innere Bilder erschaffen. Die Tätigkeit des »Innere-Bilder-Schaffens« nennen wir auch Visualisierung. Diese

Visualisierung können Sie gleich einmal ausprobieren.

Stellen Sie sich bitte einmal vor, dass vor Ihnen, dort, wo Sie jetzt gerade sind, ein kleiner Elefant steht. Stellen Sie ihn sich bitte ganz genau vor, in allen Einzelheiten.

Sehen Sie den kleinen Kopf, die Ohren, die Augen, sehen Sie den Rüssel, mit dem er gerade hin und her wackelt. Sehen Sie auch sein Hinterteil mit dem Schwanz, sehen Sie die Beine, einfach alles. Und um das Ganze nun etwas schwieriger zu machen, stellen Sie sich bitte vor, dass dieser kleine Elefant nicht etwa grau ist wie alle anderen Elefanten, sondern rosa.

Sehen Sie also jetzt – in allen Einzelheiten – einen kleinen rosa Elefanten vor sich.

Dies war also jetzt eine Visualisierung, ein inneres Bild. Wenn Sie sich diesen rosa Elefanten oft genug und/oder mit ausreichendem Gefühl vorstellen, werden Sie dieses Bild fest in Ihrem Unterbewusstsein verankern und es wird zu einer Prägung werden. Diese Prägung kann nun so bestimmend sein, dass Sie beim nächsten Besuch im Zoo ganz erstaunt sind, dass sie dort doch tatsächlich graue Elefanten haben, wo die doch normalerweise rosa sind. Sie lachen? Passiert genau das nicht tagtäglich mit uns?

Wir haben ständig solche rosa Elefanten um uns herum. Nur heißen sie bei uns anders. Hier heißen sie: faule Ausländer, prügelnde Fußballfans, schlecht autofahrende Frauen und, und, und.

Vorurteile sind im Grunde alles rosa Elefanten. Oder nehmen wir die Politik. Es ist erstaunlich, wie zwei verschiedene Parteien ein und denselben Sachverhalt ganz anders darstellen und hierdurch wirklich eine unterschiedliche Sichtweise hervorrufen. Ich erinnere hier auch an die Feindbilder zwischen verschiedenen Ländern. In unseren Köpfen haben wir doch häufig ganz andere Bilder, als sie sich in der Realität tatsächlich zeigen. Unser Verhalten wird aber so lange von den alten Bildern im Kopf bestimmt, bis wir diese verändern oder durch neue Bilder ersetzen.

Stellen Sie sich den kleinen rosa Elefanten doch einmal mit einer Pudelmütze, einem gestreiften Schlafanzug oder mit kleinen grünen Stiefeln vor.
Sie merken: Mit jeder Veränderung des inneren Bildes verändert sich auch unsere Einstellung dazu.
(Verändern Sie doch einfach auch einmal das innere Bild eines von Ihnen gehassten Menschen. Ziehen Sie ihm in Gedanken eine Pudelmütze und Pippi-Langstrumpf-Strümpfe an und vielleicht wirkt er gleich weniger bedrohlich auf Sie. Ändern Sie die negativen Eigenschaften ins Positive und beobachten Sie Ihre Einstellung zu diesem Menschen!)

Diese Programmierung durch innere Bilder wird aber noch durch eine weitere wichtige Tatsache ergänzt.
Hierzu nochmals eine kleine Visualisierungsübung:
Stellen Sie sich jetzt bitte einmal vor, dass vor Ihnen kein kleiner Elefant steht. Sehen Sie auch bitte nicht den kleinen Kopf mit den Ohren, den Augen und dem langen Rüssel, der nun natürlich nicht hin und her schwingt, sehen Sie auch nicht das Hinterteil mit dem Schwanz, nicht die Füße und sehen Sie bitte schon gar nicht, dass dieser Elefant rosa ist.
Sehen Sie also jetzt bitte keinen rosa Elefanten vor sich!

Hat es funktioniert?

Natürlich hat es nicht funktioniert! Natürlich haben Sie den rosa Elefanten schon wieder gesehen.
Wir können uns nämlich etwas nicht nicht vorstellen!
Um sich eine Verneinung bildhaft vorstellen zu können, brauchen wir zunächst das ursprüngliche Bild. Wir kennen dies von verschiedenen Hinweisschildern. Nichtraucherzonen werden zum Beispiel mit einer Zigarette gekennzeichnet, die durchgestrichen ist.
Was hat das aber für Auswirkungen auf unser Thema, die Prägungen des Unterbewusstseins?

Nun, ganz erhebliche! Denn wie verfahren wir denn so im täglichen Leben?

Wir wollen zum Beispiel nicht krank werden. Was kommt uns aber hier für ein Bild in den Sinn? Krankenbett, Operation oder zumindest ein Schal um den erkälteten Hals. Da unser Unterbewusstsein nun aber zum größten Teil in Bildern arbeitet, ist klar, dass hier natürlich die Information »krank« ankommt. Und der Körper wird – wenn die Information oft genug und/oder mit ausreichendem Gefühl angekommen ist – entsprechend mit Krankheit reagieren.

Und was wollen wir alles nicht!

Wir wollen nicht arbeitslos werden, wir möchten keinen Ärger im Büro, keinen Streit zu Hause, wir möchten in einer Partnerschaft nicht enttäuscht werden und, und, und.

Da wir aber mit diesem »Nicht-Wollen« im Grunde nur das Gegenteil erreichen, ist es so wichtig, dass wir uns mit dem beschäftigen, was wir haben wollen, und eben nicht immer mit dem, was wir nicht haben wollen.

Aber wer weiß denn schon, was er will? Die meisten Menschen wissen tatsächlich nur, was sie nicht wollen. Und wundern sich dann, wenn sie genau das bekommen. Im Grunde aber eine logische und ganz normale Sache.

Deshalb heißt es auch »Positives Denken«, weil wir uns mit den positiven Bereichen beschäftigen müssen, um sie letztendlich auch zu verursachen. Solange ich gegen etwas bin, am besten noch mit viel Gefühl, kann ich es gar nicht verhindern. Klare, fest definierte Ziele sind von daher eine wichtige Grundlage für den Erfolg.

Um unserem Unterbewusstsein auch ganz deutlich zu machen, dass diese Zielvorstellung für uns gedacht ist und nicht etwa für unseren Nachbarn, sollten wir noch Folgendes beachten. Es ist sinnvoll, wenn wir in diesen inneren Bildern – oder besser in diesen Filmen, es sollten natürlich keine Standbilder sein, sondern möglichst realistische Abläufe – selbst im Mittelpunkt des

Geschehens stehen. Sehen Sie sich also in den entsprechenden Situationen, sehen Sie sich in dem Umfeld, das Sie sich wünschen. Sie sind der Hauptdarsteller Ihres Filmes.

Ob Sie die Szenen nun so erleben, als ob Sie das Ganze aus der Perspektive Ihrer Augen sehen, oder ob Sie sich wie in einem Film von außen beobachten, ist zunächst einmal gleichgültig. Häufig ist es jedoch so, dass das eigene Erleben, das Mitten-drin-Stecken in einer Handlung mit mehr Gefühl verbunden wird, als wenn man sich einfach nur beobachtet. Und Sie wissen, dass auch die Größe des Gefühls ausschlaggebend für die Schnelligkeit und Festigkeit der Prägung ist.

Probieren Sie einfach aus, welche Variante Ihnen besser liegt, bei welcher Art von »Kameraführung« Sie sich besser fühlen. Und verwenden Sie natürlich die, die mit dem besten Gefühl einhergeht.

Sie können die Intensität der Gefühle auch noch dadurch verändern, dass Sie Ihre inneren Bilder richtiggehend bearbeiten. Wie in einem Filmstudio können Sie die Szenen heller oder dunkler erscheinen lassen, können vielleicht angenehme Musik im Hintergrund laufen lassen, Sie können die Beleuchtung ganz gemütlich einstellen, Sie können eine warme, wohlige Atmosphäre erzeugen oder was auch sonst Ihnen hilft, die Szenen wirklich mit viel gutem Gefühl zu erleben. Seien Sie kreativ! Arbeiten Sie vielleicht auch einmal mit anderen Farben, einmal kräftigere Töne, das andere Mal eher weichere. Tun Sie alles, was Sie für Ihren Top-Film für sinnvoll und notwendig halten. Es sind Ihnen keine Grenzen gesetzt. Sie sind Drehbuchautor, Regisseur und Hauptdarsteller in einem. Sie haben alle Fäden in der Hand.

Sie können sogar so weit gehen, dass Sie völlig unrealistische Bilder produzieren.

Hier möchte ich (Clemens) Ihnen die Geschichte des leukämiekranken Sven (10 Jahre) erzählen:
Der behandelnde Arzt hatte ihm – in kindlich verständlicher Form – erklärt, dass in seinem Blut rote und weiße Schiffchen schwimmen.

Die roten Schiffchen seien sehr wichtig, weil sie den lebensnotwendigen Sauerstoff zu den Organen transportieren. Nun habe er – der Junge – aber viel zu viele weiße Schiffchen, so dass die roten keinen Platz zum Fahren mehr hätten und somit auch ihre Arbeit nicht mehr korrekt ausführen könnten. Und das sei der Grund, warum er so krank sei. Nachdem der Junge das gehört hatte, dachte er sich in seiner kindlichen Naivität: Wenn es zu viele weiße Schiffchen gibt, müssen die einfach raus. Und so stellte er sich jedes Mal, wenn er auf der Toilette war, vor, dass mit seinem Urin ganz viele kleine weiße Schiffchen hinaus schwimmen. Er hatte ein inneres Bild von hunderten und tausenden kleiner weißer Schiffchen, die in den Kanal verschwanden. Und der Junge ist heute kerngesund, obwohl die Ärzte ihn damals aufgegeben hatten.

Wichtig für den Erfolg ist also nicht die realistische Vorstellung, sondern der Informationsgehalt für das Unterbewusstsein. Aus unseren Träumen wissen wir, dass unser Unterbewusstes sehr oft mit unrealistischen, symbolhaften Bildern arbeitet. Das Gleiche können wir auch beim umgekehrten Vorgang der Programmierung tun.

Natürlich sollten Sie darauf achten, dass Sie bei bestimmten Zielen diese möglichst exakt und realistisch visualisieren. Nur fehlt uns allzu oft die Grundlage dafür, gerade wenn es um wissenschaftliche Dinge geht oder eben um Abläufe im menschlichen Körper. Hier können wir solche symbolischen Bilder hervorragend nutzen.

Zum Thema Abnehmen empfahl ich meinen Seminarteilnehmern immer Folgendes: Sie sollten sich vorstellen, wie bei jedem Gang auf die Toilette ganz viele Fettzellen mit ausgeschieden werden oder dass bei jedem Ausatmen die Fettzellen herausfliegen. Oder Sie sehen einen kleinen Bagger, der an den Problemzonen des Körpers das Fett hinausschaufelt. Kleine Absaugrohre, die man in der Vorstellung an diese Stellen heranführt und die alles Fett hinaussaugen, haben die gleiche Wirkung.

Sie sehen schon, Ihrer Phantasie sind keine Grenzen gesetzt. Ein weiteres schönes Beispiel aus diesem Bereich möchte ich noch anbringen:

Wenn Sie gerade beim Abnehmen sind und Sie sitzen vor einem Stück Kuchen, das Sie doch so gerne essen würden, tun Sie doch Folgendes: Stellen Sie sich vor, dass alle Kalorien, die sich in dem Stück befinden, die Form von kleinen Männchen haben. Und sobald diese Männchen sehen, dass Sie den Kuchen gleich aufessen werden, flüchten sie in panischer Angst zum hinteren Ende und drängen sich dort alle zusammen. Sie können nun ganz genüsslich den vorderen Teil des Kuchens essen, den hinteren Teil, in dem sämtliche Kalorien stecken, lassen Sie einfach liegen.

(Die ganz Gierigen können sich auch vorstellen, wie die Kalorien-Männchen in panischer Angst vom Teller hüpfen – und sie können das ganze Stück essen!)

Von Bärbel an Clemens: Danke für den Tipp! Ich werde mir zukünftig vorstellen, dass ganz viele Kalorien-Männchen in meinen Apfel reinhüpfen (aus dem Kuchen oder so). Dann nehme ich vielleicht ein bisschen zu, ohne klebrigen Kuchen essen zu müssen, was mir recht wäre.☺

Diese Zielbilder – ob nun sehr realistisch oder eben symbolisch – müssen wir unserem Unterbewusstsein einprägen.

Am besten funktioniert dies in der Meditation, wie wir später noch besprechen werden.

Es ist nun aber klar, dass vielleicht 10 Minuten am Tag Meditation mit dem Sehen der inneren Zielbilder nicht sehr viel bringt, wenn Sie die restlichen 23 Stunden und 50 Minuten von außen ganz andere Bilder an Ihr Unterbewusstsein senden. Natürlich haften die Bilder der Meditation durch die Nutzung der Alpha-Phase im Verhältnis besser als die äußeren Bilder, aber die Übermacht bei den Wiederholungen (und vermutlich auch der Gefühle den tatsächlichen Gegebenheiten gegenüber) ist doch erdrückend. Achten Sie deshalb darauf, dass Sie auch

Ihre äußere Umgebung langsam aber sicher Ihren inneren Bildern anpassen. Natürlich werden Sie dies in den meisten Fällen nicht von heute auf morgen tun können, aber dennoch ist dies ein wichtiger Schritt zur Neuprägung.

Wenn Sie sich zum Beispiel Gesundheit wünschen, sollten Sie alles aus Ihrer Umgebung wegräumen, was Sie in irgendeiner Form an Krankheit erinnern könnte. Verstauen Sie also Medikamente in einer Schublade und räumen Sie Rezepte weg. Problematisch ist dies natürlich, wenn Sie im Krankenhaus liegen, aber versuchen Sie trotzdem Ihr Möglichstes.

Apropos Krankenhaus! Welches Bild sehen Sie vor Ihrem geistigen Auge bei diesem Begriff? Oder bei Krankenschwester, Krankengymnastik, Krankenkasse? Es wäre für uns alle sinnvoller, wenn wir weniger Kranken-, sondern mehr Gesundheitshäuser hätten!

Oder nehmen wir wieder das Beispiel Figur:
Hängen Sie sich Bilder an die Wand von Zeiten, in denen Sie schlank waren. Wenn Sie keine solchen Bilder besitzen, schneiden Sie sich Fotomodelle aus Katalogen aus, die die Figur haben, die Sie gerne haben möchten. Besonders effektiv ist dies, wenn Sie Ihr Gesicht als Fotomontage darüber kleben. Hängen Sie die Kleider außen an den Schrank, in die Sie wieder hineinpassen wollen. Nicht um sich selbst etwas vorzumachen, sondern als häufiges Signal an Ihr Unterbewusstsein. Wenn Sie gerne mehr Geld haben möchten und Sie aber in einer recht armen Gegend wohnen, gehen Sie in besseren Wohngegenden spazieren, setzen Sie sich in einem noblen Hotel in die Eingangshalle, gehen Sie in teuren Geschäften bummeln, »tanken« Sie wo immer möglich äußeren Reichtum.

Ganz tolle äußere Bilder entstehen auch dann, wenn Sie einfach so tun, als ob Sie Ihr Ziel bereits erreicht hätten.
Wenn Sie zum Beispiel allein leben und sich eine Partnerschaft wünschen, so räumen Sie doch Ihre Wohnung schon einmal so um, als ob

wirklich bald jemand bei Ihnen wohnen würde. Stellen Sie vielleicht ein zweites Zahnputzglas ins Bad, machen Sie Platz in Ihrem Kleiderschrank, oder was Sie sonst noch tun würden, wenn Sie wüssten, dass heute jemand einzieht.

Zum Thema äußere Bilder gehört natürlich auch das Thema »Fernsehen«. Auch diese Bilder haben selbstverständlich Einfluss auf die Prägungen in unserem Unterbewusstsein.

Ich möchte nur einen Punkt hier – stellvertretend für alle anderen, vielleicht aber der Wichtigste – herausgreifen: Gewalt. Untersuchungen in den USA (und wir hier sind sicher nicht sehr weit davon entfernt) haben ergeben, dass im Schnitt in jeder Sendung für Erwachsene pro Stunde acht und in Sendungen für Kinder pro Stunde 16 (!) Gewalttaten zu sehen sind. Zur Zeit kursiert das Problem Gewalt durch alle Schulen. Wenn wir uns die vorangegangenen Grundsätze nochmals vor Augen führen, so ist dies aber kein Wunder. Wenn wir – und noch mehr unsere Kinder – sehr oft und wahrscheinlich mit viel Gefühl sehen, dass Konflikte jeder Art am »gescheitesten« mit Gewalt gelöst werden, wird dies natürlich zu einem festen Verhaltensmuster. Unsere Kinder haben oft keine anderen ausreichenden Bilder, um andere Reaktionen zu verankern. Achten Sie deshalb bewusst darauf, welche Sendungen Sie und Ihre Kinder sich im Fernsehen anschauen. Sie haben wesentlichen Einfluss auf das zukünftige Leben.
Und nochmals: Unser Unterbewusstsein – nicht nur das unserer Kinder (!) – kann nicht zwischen realen und fiktiven Bildern unterscheiden.

Ich möchte aber noch eine Anmerkung zum Thema Bilder machen, die mir sehr wichtig ist: Da unser Unterbewusstsein von Bildern dominiert wird, funktioniert das Gedächtnis primär visuell. Wir sehen das auch daran, dass wir uns an abstrakte, schlecht vorstellbare Dinge nur sehr schwer erinnern. Also der Großteil unserer Erinnerungen sind Bilder. Und das betrifft auch unsere Erinnerung an bestimmte negative Situationen, Erinnerungen an Kränkungen, an psychische Verletzungen. Und wie oft »suhlen« wir uns förmlich in solchen destruktiven Gedankenbildern. »Weißt du noch damals, als der das und das mit mir gemacht hat?«, »Wenn ich den nur sehe, wird es mir jetzt noch ganz übel!« und so weiter und so weiter.

Abgesehen davon, dass es uns zum Zeitpunkt der Erinnerung schlecht geht, prägt sich natürlich die erneute Beschäftigung mit dem Thema wieder in unser Unterbewusstsein und wir verursachen das Gleiche noch einmal. Deshalb ist es so wichtig, dass wir lernen zu vergeben.

Nicht, um »diesen Schweinehund« ungeschoren davonkommen zu lassen, sondern um uns selbst von den negativen Bildern zu befreien. »Alles verzeihen heißt, alles vergessen.« Dieser Satz birgt sehr viel Wahrheit.

Wenn Sie sich an bestimmte Situationen noch erinnern, haben Sie noch nicht verziehen. Verzeihen Sie, damit nicht immer wieder die alten Bilder hochkommen.

Wer Probleme mit dem Verzeihen hat – was in vielen Fällen durchaus verständlich wäre –, der sollte sich fragen, ob diese eine (oder mehrfache) Situation nicht schon genug war. Durch das Festhalten an unserem Zorn verursachen wir nur nochmals die gleichen Situationen. Deshalb noch einmal der Appell:

Verzeihen Sie jedem alles! Zu Ihrem eigenen Nutzen.

Und noch ein Letztes zu den Bildern:

Gerade in den vergangenen Jahren wird auch für Unternehmen jeder Größenordnung immer klarer, dass auch eine Firma ein Ziel in Form eines klaren Zielbildes benötigt. Dabei spricht man dann von der »Unternehmensvision«.

Hier ist jedoch darauf zu achten, dass diese Vision auch von allen Mitarbeitern mit getragen wird. Sonst hat sie natürlich wenig Wirkung. Und die beste Möglichkeit, dass wirklich jeder in der Firma sich mit dem Unternehmensziel und dem entsprechenden Bild identifiziert, ist, dass diese Vision auch möglichst gemeinsam entwickelt wird. Ein Ziel, das von oben herab aufgepflanzt wird, wird nie das eigene Ziel sein. Ein Ziel, das der Einzelne mitgestaltet hat, wird ihn dazu anspornen alles zu tun, dass dies auch erreicht wird.

2. Leitsätze

Nun ist es allerdings problematisch, den ganzen Tag mit irgendwelchen Zielbildern im Kopf herumzulaufen. In der täglichen Meditation die inneren Bilder zu visualisieren ist eine der Möglichkeiten.

Nur haben wir alle auch unser tägliches Leben zu bewältigen und dazu gehört nun einmal die Konzentration auf das, was wir gerade tun. Außerdem können die Bilder im Außen nicht wirken, wenn wir vor lauter Festklammern an den inneren Bildern die äußeren Gelegenheiten zum Erreichen des Gewünschten übersehen! Im Extremfall sieht man vor lauter inneren Bildern die äußeren überhaupt nicht mehr und rennt unter Umständen sogar an den nächsten Laternenmast.

Sich auf ein neues Ziel vorzubereiten heißt daher nicht, die jetzigen Aufgaben zu vernachlässigen. Im Gegenteil! Wir sollten uns quasi durch gute Leistungen jetzt für ein besseres Morgen qualifizieren.

Wer aber den ganzen Tag mit inneren Bildern beschäftigt ist, kann natürlich nicht seine volle Leistungsfähigkeit bringen. Deshalb ist es ganz zweckmäßig und eine von vielen Möglichkeiten, wenn wir diese Zielbilder auf Sätze reduzieren. Kurze, knappe Sätze, die in eindeutiger Form das Zielbild beschreiben, nennen wir Leitsätze (oder auch Affirmationen).

Hier gilt es, einige Punkte zu beachten: Da wir auch in unseren Bildern das Ziel schon vorwegnehmen, müssen wir dies natürlich auch bei den Leitsätzen tun. Das heißt, dass diese Sätze immer in der Gegenwartsform formuliert werden müssen.

Wenn Sie also zum Beispiel krank sind und Sie möchten nun wieder gesund werden, so wäre die passende Affirmation »Ich bin gesund«. Sie werden nun vielleicht sagen, dass Sie doch nicht einfach behaupten können, gesund zu sein, während Sie noch krank in Ihrem Bett liegen. Sie meinen sich nicht selbst belügen zu können.

Es geht nicht darum, dass wir uns selbst etwas vormachen. Es geht darum, dass wir die Wirkungsweise der Prägung unseres Unterbewusstseins konsequent nutzen. Würden wir sagen »Ich werde gesund«, so würden wir innerlich ein Bild entwerfen, wie wir immer noch im Bett liegen, es uns zwar langsam besser geht, wir aber dennoch noch nicht das Ziel Gesundheit erreicht haben. Und Sie wissen ja, dass wir uns immer auf ganz feste Zielbilder hinbewegen.

Wenn Sie sagen »Ich werde gesund«, so wird Ihr Unterbewusstsein antworten: »Ist in Ordnung! Sag dann bitte Bescheid, wenn du so weit bist!«

Wenn Sie Probleme mit solchen Behauptungen haben, die in keiner logisch nachvollziehbaren Verbindung mit der jetzigen Realität stehen, so können Sie auch Formulierungen verwenden wie »*Mir geht es von Tag zu Tag immer besser und besser*« (Dies ist übrigens die älteste moderne Affirmation, entwickelt von Emile Coué). Somit sind Sie quasi aus dem Schneider.

Wenn Sie nämlich jedes Mal, wenn Sie Ihre Affirmation innerlich sagen, eine andere innere Stimme hören, die Ihnen sagt, dass das doch alles gar nicht wahr ist, so werden Sie natürlich Ihrem Ziel kein Stück näher kommen. Eher noch im Gegenteil. Denn dieser »innere Schweinehund« kommt ja mit viel mehr Gefühl dahergekrochen, als wir aufbringen, wenn wir unsere Behauptung aufsagen und nicht wirklich dahinter stehen. Formulieren Sie deshalb Ihren Leitsatz immer so, dass er auch seinen Zweck erfüllt.

Für mich (Bärbel) funktioniert es beispielsweise am besten einfach zu denken: »*Ich liebe es gesund zu sein!*« oder »*Gesundheit ist klasse!«* Das wirkt ganz sagenhaft auf das Unterbewusste. Erstens kommt kein Protest, dass der Zustand noch nicht erreicht sei, das habe ich ja schließlich nicht behauptet. Zweitens stärke ich aber ganz deutlich das Bild von Gesundheit in mir und es beginnt seine Wirkung zu entfalten!

Eine weitere wichtige Grundbedingung für die Erstellung von Affirmationen ist die Vermeidung aller Verneinungen, also die Verwendung von positiven Aussagen. Wenn Sie zum Beispiel sagen »Ich bin kein Versager«, so werden Sie natürlich innere Bilder von Situationen sehen, in denen Sie versagt haben – und dadurch diese Prägung erneut festigen und solche Situationen wieder und wieder verursachen.

Erinnern Sie sich an den rosa Elefanten des letzten Kapitels und die Konsequenzen daraus. Vermeiden Sie deshalb die Wörter *»kein«* und *»nicht«* in Ihren Formulierungen. Sie bewirken, nicht immer aber häufig, nur das Gegenteil.

Jetzt werden Sie vielleicht auf folgende spitzfindige Idee kommen: Sie sagen sich ganz oft »Das kann ich nicht«, das Unterbewusstsein versteht aber dieses *»nicht«* nicht, und somit müssten Sie es dann doch können. Der Gedankengang ist gut, aber hier leider nicht zutreffend. Es kommt im Grunde weniger auf die Formulierung an als auf die Bilder, die wir innerlich damit verbinden. Und wenn wir »Das kann ich nicht« sagen, werden wir Szenen sehen, wie das Vorhaben wirklich schief geht. Also doch wieder nicht positiv. Um also grundsätzlich sicher zu gehen, verwenden Sie bitte nur positive Formulierungen.

Die Leitsätze sollten nach meinem (Clemens) Dafürhalten auch kurz und »knackig« sein. Viele Autoren empfehlen lange, ausgedehnte und ausführliche Formulierungen. Ich dagegen sehe hier ein großes Problem.

Die Affirmationen sind dazu gedacht, dass wir sie im Lauf des Tages, wann immer wir uns daran erinnern oder wann immer wir den Kopf dafür frei haben, anwenden. Hier kommen alle Tätig-

keiten in Frage, die keiner besonderen geistigen Aufmerksamkeit bedürfen. Denken Sie an Routinearbeiten auf Ihrer Arbeitsstelle oder im Haushalt, denken Sie an Fahrten mit dem Auto oder mit öffentlichen Verkehrsmitteln, denken Sie auch an Wege, die Sie gehen. Wie viel mehr Spaß macht zum Beispiel das Bügeln, wenn Sie es nicht einfach nur so tun, sondern Sie sich bei jeder Bewegung des Bügeleisens zum Beispiel sagen: *»Ich bin schlank, Gott sei Dank.«* Wie anders laufen Sie über den Gang in Ihrer Firma, wenn Sie im Rhythmus des Gehens denken:
»Ich hab' die Kraft, die alles schafft.«

Sind unsere Leitsätze nun sehr lang, dann reichen viele Möglichkeiten zeitlich gar nicht aus, sie zu sprechen. Zudem zählt die Wiederholung für die Wirksamkeit (oder alternativ eine starke emotionale Bindung an das Affirmierte). Können wir unser Ziel in einen kurzen »Slogan« einbinden, werden wir diesen natürlich viel öfter wiederholen können als einen langen Satz oder sogar Sätze.

Es gibt aber noch einen weiteren Grund, warum ich für kurze, knappe Leitsätze plädiere: Wir werden den ganzen Tag mit negativen Botschaften bombardiert. Denken Sie nur an Nachrichten in Rundfunk und Fernsehen, denken Sie an Zeitungen jeder Sorte oder auch an so genannte »normale« Filme im Fernsehen oder im Kino. Immer werden wir schwerpunktmäßig mit Gewalt, Verbrechen, Krankheit, wirtschaftlichen Problemen und vielem dergleichen konfrontiert. Selbst im täglichen Gespräch mit anderen Menschen dominieren häufig die negativen Inhalte. »Tratsch« jeder Art soll hier nur stellvertretend stehen.

Somit haben wir uns auch angewöhnt – Sie wissen, die häufige Wiederholung – ebenfalls sehr stark negativ zu denken.

Wenn wir uns aber nun ein – positives – Ziel gesetzt haben, ist die Wahrscheinlichkeit, dass uns immer wieder eine Unmenge von Argumenten einfällt, warum dies nicht klappen kann, recht groß.

Hierfür können wir unsere Leitsätze quasi als »Fliegenklatsche« einsetzen. Immer dann, wenn mal wieder so ein negativer Gedanke sich in unserem Gehirn breit machen will, setzen wir direkt unsere Affirmation dagegen. Am besten sogar schon, bevor wir den negativen Gedanken überhaupt zu Ende gedacht haben.

Wenn wir nun eine sehr lange Affirmation haben, geht diese »Fliegenklatschen-Funktion« verloren. Wenn wir zuerst tief Luft holen müssen, um alles aufsagen zu können, hat sich der destruktive Gedanke bereits in aller Seelenruhe breit gemacht.

Und Sie wissen ja, alles, was wir oft genug denken, hat die Tendenz sich zu verwirklichen.

Um unseren Leitsatz fließend auch beim Gehen sprechen zu können, ist es schön, wenn auch ein bestimmter Rhythmus vorhanden ist. Und wenn wir es ganz perfekt machen wollen, sorgen wir noch für einen Reim, damit er sich richtig gut einprägt.

Einige Beispiele, die Sie natürlich gerne übernehmen können, sollen dies verdeutlichen:

»Ich hab' die Kraft, die alles schafft!«

»Ich bin schlank, Gott sei Dank!«

»Ich bin reich, wie ein Scheich!«

»Ich habe Mut, es geht mir gut!«

»Mein Partner ist so toll, wir lieben uns ganz und voll!«

»Gesundheit, die ist schön, das kann jeder an mir sehn!«

oder andere wie:

»Es geht ganz leicht!«

»Ich liebe mich bedingungslos!«

»Ich bin wichtig!«

Ich (Clemens) kombiniere meine Trainings sehr gerne mit besonderen äußeren Rahmenbedingungen. (Wenn ich außen etwas Neues biete, kann ich innen einfacher neue Dinge erreichen.) Eine Möglichkeit, die ich sehr viel und sehr gerne nutze, sind die Berge. So wandere ich zum Beispiel häufig mit Gruppen mehrere Tage durch die Berge und binde dort die äußeren Bedingungen fest in den Seminarinhalt ein.

Zum Thema »Leitsätze« mache ich zum Beispiel regelmäßig folgende Übung: Auf Wegstrecken, die über längere Zeit bergauf gehen, lasse ich die normalerweise ungeübten Teilnehmer zunächst einmal normal gehen. Das Tempo ist sehr gering, aber für »Flachlandtiroler« ist auch dies schon recht anstrengend und ermüdend.

Dann gebe ich folgende Aufgabe: Im Rhythmus des Gehens soll sich jeder nun ausschließlich auf den Satz »Es geht ganz leicht!« konzentrieren. Das Ergebnis ist für alle verblüffend. Die anfängliche Müdigkeit ist fast wie weggeblasen, die Atmung normalisiert sich, es geht plötzlich wirklich »ganz leicht«!

Finden Sie aber bitte – neben den vorgegebenen Beispielen – auch eigene Leitsätze für sich. Sie sollten wirklich zu Ihnen passen, es sollte Ihnen Spaß machen, mit ihnen zu arbeiten. (Sofern man das überhaupt Arbeit nennen kann!)

Neben der Möglichkeit, sich diese Texte so oft wie möglich vorzusagen, können sie aber auch noch Folgendes tun:
Schreiben Sie sich Ihren Leitsatz auf kleine Kärtchen und verteilen Sie sie überall. Am besten an Stellen, wo Sie sich häufig aufhalten. Am Spiegel im Bad zum Beispiel, im Auto, auf dem Schreibtisch, in der Küche oder wo immer Sie es für sinnvoll erachten.
Das Unterbewusstsein braucht häufige Impulse. Und gerade zu Beginn werden Sie wahrscheinlich öfter einmal vergessen, sich mit Ihrer Affirmation zu beschäftigen. Hier können solche Kärtchen eine wertvolle Hilfe sein.

Leitsätze sind im Grunde nichts anderes als Gebete. Und wenn die Religionen ihre Gebete in Form von Rosenkränzen oder Gebetsmühlen abverlangen, dann nur, um sie über die Häufigkeit der Wiederholung besser ins Unterbewusstsein (= Gott) einzulegen.

3. Symbole

Es kann nun natürlich vorkommen, dass Sie mit dem Sprechen und vor allem mit dem Schreiben der Affirmationen etwas Probleme haben.

Da sitzen Sie nun in einem Großraumbüro, wiegen 20 Kilo zu viel und stellen doch glatt auf Ihren Schreibtisch ein Kärtchen mit dem Text »Ich bin schlank, Gott sei Dank!«. Wenn Sie da mal nicht zum allgemeinen Gelächter beitragen!

Hier gibt es aber einen Ausweg. Leitsätze sind die Reduktion der inneren Bilder auf Worte. Diese Worte können wir nun aber weiter reduzieren auf Symbole. Ein Symbol kann für Sie alles sein, was Sie mit Ihrem Ziel verknüpfen wollen. Ihrer Phantasie sind dabei keine Grenzen gesetzt.

Eine Teilnehmerin eines meiner (Clemens) »Denke Dich schlank«-Seminare hatte sich als Affirmation den Satz »Ich bin leicht wie eine Feder« gewählt. Als Symbol wählte sie also Federn. Und zu Hause angekommen leerte sie ein altes Kopfkissen und verteilte überall in der Wohnung Federn. Für Fremde war es eine originelle Dekoration, für sie aber ihr Symbol für eine schlanke Figur.
Wenn Sie ein neues Haus haben wollen, verteilen Sie Spielzeughäuser. Bei einem Auto oder bei Reisen eben kleine Auto- oder Flugzeugmodelle. Für Ihre Gesundheit können Sie Tennisbälle nehmen, als Symbol für Ihre wiedergewonnene Fitness. Natürlich tun es auch Bilder oder Pläne, was immer Sie wollen.

Sinn der Symbole ist, dass wir so oft wie möglich mit unserem Ziel in Verbindung kommen. Irgendwann werden Sie diese Symbole gar nicht mehr bewusst wahrnehmen. Erst wenn andere Sie nach der Bedeutung fragen, werden Sie merken, dass sie noch da sind. Aber unterbewusst werden Sie mit Ihrem Symbol Ihr Ziel verbinden und somit wieder eine positive Information an Ihr Unterbewusstsein senden.

4. Meditation

Um die Neu-Programmierung nun aber sehr viel schneller ablaufen zu lassen, als dies mit den bereits besprochenen Punkten alleine möglich ist, bedienen wir uns einer »Turbo-Technik«, der Meditation.

Seit der Erfindung des EEG, des Elektro-Encephalo-Graphen (einem Gerät zur Messung der Gehirnaktivität) weiß man, dass unser Gehirn zu unterschiedlichen Zeiten auch unterschiedliche Aktivitäten aufweist. Es produziert unterschiedliche Frequenzen, Gehirnwellen. Diese dabei entstehenden, unterschiedlichen Bereiche nennt man auch Bewusstseinsstufen.

Im normalen Wachzustand, dann also, wenn wir uns mit der physischen Welt im Außen beschäftigen, produziert unser Gehirn Wellen, die in einem Bereich oberhalb von 14 Hertz liegen. Die Höchstwerte liegen über 30 Hertz, dann, wenn wir sehr aufgeregt sind. Der Schnitt liegt bei etwa 21 Hertz. Diesen Bereich nennt man auch die »Beta-Phase«.

Unter 14 Hertz sinken wir immer dann, wenn wir die Aufmerksamkeit von der äußeren Welt abziehen und uns mehr der geistigen Welt zuwenden. Dies ist besonders im Schlaf der Fall. Hier gibt es jedoch, wie wohl jeder aus eigener Erfahrung weiß, Phasen, in denen wir sehr tief und fest schlafen, aber auch solche, in denen der Schlaf eher oberflächlich ist. In diesen »wacheren« Phasen träumen wir.

Die Schlafforschung hat nun herausgefunden, dass wir während

der Nacht häufig wechseln zwischen den Traum- und den Tief-
schlaf-Phasen, wir also jede Nacht träumen, und zwar mehrfach.
Meist erinnern wir uns einfach nicht daran.

Die Traumphasen nennt man auch REM-Phasen, weil sich die
Augen in dieser Zeit hinter den geschlossenen Lidern ganz schnell
hin und her bewegen, als würden wir dem »Film«, der gerade
abläuft, mit unseren physischen Augen zusehen. (REM ist die
Abkürzung für den englischen Ausdruck »Rapid Eye Movement«,
also »schnelle Augenbewegung«.)
Der Bereich, in dem wir nun träumen, liegt zwischen 7 und 14
Hertz und wird als Alpha-Phase bezeichnet.
Die Tiefschlafphasen liegen zwischen 4 und 7 Hertz, dieser Bereich
heißt Theta-Phase. Unter 4 Hertz befinden wir uns, wenn wir
bewusstlos sind. Diese Phase nennt man auch Delta.

Wichtig für unser Thema – die Meditation – ist nun die Alpha-
Phase. In dieser Alpha-Phase nämlich ist das Tor zum Unterbewusstsein, die Schnittstelle vom Bewusstsein zum Unterbewusstsein
besonders weit offen. Dies ist schon allein durch die Traumtätig-
keit zu erkennen. Hier kommen also ganz leicht Informationen
aus dem Unterbewusstsein ins Bewusstsein. Wenn nun das »Tor«
einmal offen ist, wenn Informationen aus dem Unterbewusstsein
ins Bewusstsein gelangen können, so funktioniert das auch in
die andere Richtung.
Nun werden Sie vielleicht denken: »Toll! Nur wie soll ich mich
im Schlaf selbst programmieren?«
Die Alpha-Phase ist nun nicht beschränkt auf die Traumphase,
sondern wir können sie auch bewusst hervorrufen, und zwar
durch eine Körperentspannung wie bei der Meditation. Wenn
wir in Alpha sind, sind wir entspannt – und umgekehrt, wenn
wir entspannt sind, sind wir in Alpha. Informationen, die wir im
Alpha-Zustand empfangen, führen also auch sehr viel schneller
zu einer Prägung im Unterbewusstsein. Alles, was wir in diesen
Phasen sehen, hören, fühlen, tun oder nur einfach denken, wird
sehr schnell zu einem Automatismus führen.

139

Dies ist umso wichtiger zu wissen, da wir nicht nur im Schlaf oder der bewusst herbeigeführten Meditation diese Alpha-Phase erreichen, sondern sehr viel häufiger.

Die Zeiten unmittelbar vor dem Einschlafen oder nach dem Wachwerden laufen ebenfalls in der Alpha-Frequenz ab. Oder Momente, in denen wir »etwas abwesend« sind, also vor uns hin dösen und unseren Gedanken nachhängen. Und überlegen Sie einmal, welcher Art von Gedanken Sie in solchen Momenten nachgehen. Sind es eher positive, konstruktive Gedanken oder zerbrechen Sie sich den Kopf über alle möglichen und unmöglichen Probleme?

Seien Sie gewiss, dass alles, was Sie in diesen Alpha-Phasen denken, sehr schnell ins Unterbewusstsein gelangt und sehr schnell zu einer Prägung führt, die Sie in Ihrem Leben beeinflusst. Gleichgültig, ob die Inhalte für Sie von Nutzen sind oder nicht, gleichgültig, ob Sie das wollen oder nicht.

Bewusstseinsstufen und Alter

Aufgrund der großen Bedeutung der Alpha-Phase in unserem Leben bezüglich der Prägung des Unterbewusstseins ist es sehr interessant auch einmal die Abhängigkeit der Bewusstseinsstufen vom Alter zu beachten.

Gerade Kinder und Jugendliche sind vorherrschend in der Alpha-Phase oder darunter und somit führen alle Informationen, die sie empfangen, zu einer raschen Prägung.

Ich erinnere hier an Fernsehen und Video mit all seinen Gewaltszenen, an Kriegsspielzeug, das Vorbild der Eltern bezüglich Umgang mit andern und Umgang mit Drogen (Alkohol, Nikotin etc.) und an das sonstige Umfeld der Kinder wie Schule, Spielkameraden und Hobbys.

Ich erinnere aber auch an die Dinge, die wir unseren Kindern tagaus tagein so sagen. Seien Sie sich darüber im Klaren, dass alles, was Sie Ihren Kindern sehr oft sagen, sich in derem Unterbewusstsein verankern und ihr Leben beeinflussen wird. Dies gilt für die (vielleicht seltenen) Ermutigungen, aber vor allem für die »guten Ratschläge« und die entnervt geäußerten Beschuldigungen. Überlegen Sie vor diesem Hintergrund doch bitte einmal, welche Auswirkungen folgende Sätze haben können: »Du bist doch zu allem zu blöd!« »Aus dir wird nie etwas!« »Das Leben ist hart!« »Nimm dich nicht so wichtig!« »Sei zufrieden mit dem, was du hast!« etc. Diese Sätze führen außerdem alle, wie weiter oben schon erwähnt, zu einem verminderten Selbstwertgefühl und den bekannten Folgen.

Positive und nützliche Sätze wären daher: »Ich vertraue dir!« »Du schaffst das!« »Wir sind für dich da!« »Du kannst keinen wirklichen Wunsch in dir haben, ohne die Kraft, ihn auch zu verwirklichen!«

Der Vollständigkeit halber: Natürlich werden Kinder auch bereits in Theta und Delta geprägt. Da diese Bereiche aber in der Regel nicht bewusst herbeigeführt werden können, beschränken wir uns auf Alpha.

Doch nicht nur die Kindheit ist wichtig: Im hohen Alter fallen wir automatisch wieder in die Alpha-Phase zurück. Also auch alles, was alte Menschen den ganzen Tag über so sagen und denken, wird sehr schnell zu einer Prägung führen und somit zu einer »sich selbst erfüllenden Prophezeiung« werden.

Und einmal ehrlich: Kennen Sie viele ältere Menschen, die vorwiegend positive Gedanken haben?

Wenn Sie selbst schon zu dieser Altersgruppe gehören sollten, so achten Sie besonders auf eine positive Einstellung zum Leben.

Und sollten Sie ältere Menschen in Ihrem Umfeld haben, die Ihnen ans Herz gewachsen sind, so können Sie ihnen keinen besseren Dienst erweisen, als sie so oft wie möglich auf konstruktive Gedanken zu bringen.

Meine Oma (Bärbels Oma) war einer von diesen Fällen. Sie las nur noch die Schlagzeilen irgendwelcher Revolverblätter und befürchtete stets das Schlimmste. Waren meine Eltern mit dem Auto unterwegs und hatten das Handy nicht eingeschaltet, befürchtete meine Oma automatisch, dass sie in den Graben gefahren und gestorben waren.

Irgendwann hatte ich keine Lust mehr sie zu besuchen, weil sie mir stets alles, wovon ich je erzählte, madig machte durch negative Kommentare und Befürchtungen.

Eines Tages reichte es mir. Ich dachte mir, meine Oma ist schließlich noch voll zurechnungsfähig, also ist sie auch nach wie vor verantwortlich für das, was sie redet. Ich erklärte ihr, dass es mir keinen Spaß mache sie zu besuchen, weil sie mir stets alles madig mache, was ich ihr freudig erzählen würde. In Zukunft würde ich nur noch vorbeikommen, wenn sie sich entscheiden würde, sich mit mir über die positiven Seiten des Lebens zu unterhalten anstatt über mögliche Katastrophen.

Und damit sie auch wisse, dass das Leben eine Menge Positives ebenso in sich birgt, würde ich ihr ab sofort jeden Monat eine positive wahre Geschichte zuschicken.

Bis zum Tod meiner Oma Jahre später (sie ist mit 89 gestorben) habe ich nie wieder ein negatives Wort von ihr zu hören bekommen. Und die Geschichten sprachen sich sogar bei den Nachbarn herum, die nun öfter bei ihr klingelten, um zu fragen, ob die Enkelin wieder eine von den wahren Geschichten geschickt hätte.

Ich erinnere mich noch, mich damals gewundert zu haben, mit welch eleganter Leichtigkeit meine alte Oma von jetzt auf sofort umschaltete und nichts Negatives mir gegenüber mehr hören ließ. Ich führte es darauf zurück, dass sie einfach hoch motiviert war ihre Enkelin nicht zu verlieren. Aber nach den Ausführungen von Clemens ist mir heute klar, dass sie sich bereits wieder hauptsächlich im Alpha-Zustand befand und ihr Unterbewusstes das neue Programm, das natürlich auch stark emotional besetzt war, sofort annahm. Meine ganze Familie war erstaunt darüber, wie sehr sich meine Oma danach bezüglich ihrer Kommunikation veränderte.

Meiner Tante machte sie beispielsweise am Telefon keine Vorwürfe mehr wie zuvor jedes Mal und vieles mehr.

Die Körperentspannung:
Um diese Alpha-Phase zu erreichen, müssen wir uns also lediglich körperlich entspannen. Dies können wir durch folgende, einfache Übungen erreichen:

- *Wir begeben uns an einen Ort, an dem wir möglichst ungestört sind, das heißt – sofern möglich – Telefon und Türklingel abstellen; wenn sonst noch jemand im Haus oder in der Wohnung ist, denjenigen informieren oder ein Schild an die Tür hängen.*
- *Wir setzen uns bequem hin. (Im Liegen schläft man gerne dabei ein.)*
- *Wir achten darauf, dass die Kleidung schön locker ist (Hosen- oder Rockbund öffnen, Schuhe ausziehen, Kragen öffnen, Brille ablegen.)*
- *Um Außengeräusche abzudämmen und auch um besser in die Entspannung zu kommen, empfiehlt es sich für Anfänger, eine schöne Meditationsmusik im Hintergrund laufen zu lassen. Später kann man, muss aber nicht, auch ohne äußere Hilfsmittel auskommen.*
- *Nun atmen wir einige Male tief ein und aus und schließen die Augen.*
- *Wer Probleme mit dem Schließen der Augen hat, kann zu Beginn einen Punkt, den man bequem sehen kann, fixieren und sich so lange auf ihn konzentrieren, bis die Augen fast von alleine zufallen.*
- *Am besten konzentrieren wir uns zunächst nur auf unsere Atmung. Wir beobachten das Ein- und Ausatmen, ohne es aber bewusst zu steuern.*
- *Um die Entspannung zu unterstützen, können wir das Wort »Ruhe« innerlich in uns hineinsprechen. Besonders gut wirkt es, wenn wir beim Einatmen die Silbe »Ru-« und beim Ausatmen die Silbe »-he« sprechen.*

- *Wer solche Entspannungsübungen noch nie gemacht hat, der kann sie dadurch intensivieren, dass er sich auf jeden einzelnen Körperteil konzentriert und sich innerlich sagt, dass zum Beispiel »die Füße ganz locker und entspannt« sind.*

Wer nach einigem Üben noch Probleme damit hat, dem empfehlen wir die Teilnahme an entsprechenden Kursen über Entspannung oder das schon erwähnte Autogene Training.

In der Regel aber geht das Erlernen der Körperentspannung problemlos und recht schnell. Durch diese Entspannung kommen wir also nun in den besagten »Alpha-Zustand«, in dem die Informationen, die wir unserem Unterbewusstsein mitteilen wollen, besonders schnell tief und fest verankert werden.

Wichtig ist zunächst, dass die Entspannung wirklich ausreichend tief ist. Jeder wird dafür recht rasch ein Gespür entwickeln. Erwarten Sie aber bitte nicht, dass eine korrekte Entspannung nur dann eingetreten ist, wenn Sie nichts mehr aus Ihrer Umwelt mitbekommen. Viele meinen, es müsse irgendwie »klick« machen, man müsse ganz »weg« sein und sollte am besten noch irgendwelche Erscheinungen haben. Dies alles hat nichts mit der Alpha-Phase zu tun.

Zum Beenden der Meditation holen Sie ein paar Mal tief Luft, bewegen langsam wieder Ihre Hände und Füße und bewegen wieder den ganzen Körper. Recken und strecken Sie sich, öffnen Sie die Augen und sagen Sie sich innerlich, dass Sie wieder »ganz im Hier und Jetzt« sind.

Wie lange Sie meditieren, hängt einzig von Ihnen selbst ab – wie lange Sie sich Zeit nehmen wollen, wie lange es Ihnen Spaß macht oder welches »Programm« Sie in der Entspannung bewältigen wollen. Sie können also nur einige Minuten meditieren, Sie können aber auch eine Stunde oder mehr in der Entspannung zubringen. Es gibt hier weder Zwang noch Empfehlungen. Sie werden sicher selbst eine Ihnen angenehme Dauer finden, passend zu den Inhalten, über die Sie meditieren wollen.

Und noch ein letztes Wort: Die hier beschriebenen gekoppelten Abläufe sind der Grund dafür, dass die Religionen ein »verinnerlichtes« Beten verlangen, ein »in die Stille der Kirche kommen«. Im Alpha-Zustand wirkt es eben einfach besser!

Eine geführte Entspannung, gesprochen von Clemens Maria Mohr, finden Sie auf der CD »Die MOHR-Methode«.

Wünsche sind wichtige Wegweiser

zu unserer Lebensaufgabe,

unserer Berufung.

Wahre Erfüllung und Selbstverwirklichung

ist dem Menschen nur möglich

über die Realisierung der

in ihm angelegten Wünsche und Ziele.

Dies entspricht seinem

Lebenssinn.

Ziele

»Bist du mit deinem heutigen Leben wirklich zufrieden?
Wenn ja, dann bist du in Gefahr! Denn restlos zufrieden sein heißt,
keine unerfüllten Träume haben. Und wenn wir zu träumen aufhö-
ren, beginnen wir zu sterben!«

(Robert H. Schuller)

Klingt das für Sie etwas hart?
Wo wir doch alle gelernt haben, mit dem, was wir haben, zufrieden zu sein. Wo wir doch alle gelernt haben, uns »nach der
Decke zu strecken« und nicht »aus dem Rahmen zu fallen«.
Wo es schon fast unanständig ist, angesichts der großen Not in
vielen Teilen der Welt noch mehr haben zu wollen. Bescheiden-
heit hat man uns gelehrt und »nimm dich nicht so wichtig!«.
Keine großen Ziele stecken, man könnte ja enttäuscht werden.
Und um ja keine unnötigen Enttäuschungen zu erleben, besser
gar keine Ziele setzen. Unumgängliche Enttäuschungen haben
wir schließlich schon genug! Eigene Ziele gehen zudem immer zu
Lasten der anderen. Wenn ich etwas will, muss ich es zunächst
einem anderen wegnehmen.
Wissen Sie was?
Vergessen Sie den ganzen Mist einfach! Am besten sofort!
Ziele sind tatsächlich das, was uns am Leben erhält. Einen Sinn
erhält unser Leben nur, wenn wir Ziele haben. Ob wir uns darüber im Klaren sind oder nicht.

Stellen Sie sich bitte einmal Folgendes vor:
Sie stehen an einem Sonntagvormittag bei strömendem Regen knöcheltief in einem riesigen Schlammloch. Sie sind nass bis auf die Haut und die Erde, die Sie wegzuschippen versuchen, klebt fest an Ihrer Schaufel. Und Sie wissen, dass diese Arbeit den ganzen Tag so weitergehen wird.

Ein schönes Bild, oder?
Sicher können Sie sich etwas Schöneres vorstellen, was Sie an einem verregneten Sonntagvormittag anstellen können. Diese Vorstellung erweckt in Ihnen also nicht gerade eine Hochstimmung.
Sie würden mich vermutlich fragen: »Wozu?«
Und da sind wir doch schon wieder bei Zielen.

Stellen Sie sich jetzt das gleiche Bild noch einmal vor, aber nun wissen Sie, dass Sie auf Ihrem eigenen Grundstück stehen. Sie sind gerade dabei, die Fundamente für Ihr lang ersehntes Eigenheim auszubessern. Durch den Regen sind die Ausschachtungen etwas zusammengefallen und Montag Morgen kommt der Beton für das Fundament. Und plötzlich macht Ihnen das Ganze vielleicht sogar noch Spaß!

Es ist die gleiche Szene. Nur, dass wir das zweite Mal ein Ziel vor Augen haben.
In unserem Leben stehen wir aber – im übertragenen Sinn – doch allzu oft in irgendwelchen Schlammlöchern, sind durchnässt und kaputt, und wir wissen nicht, wozu das Ganze.
Wie oft haben wir das Gefühl, keinen Sinn hinter bestimmten Dingen zu sehen. Wie oft merken wir, dass wir im Grunde nur so hin und her treiben in unserem Leben, ohne eigentlich eine Richtung zu haben. Im Ganzen gesehen.
Und mal ehrlich: Wann haben Sie sich das letzte Mal Ziele gesetzt, die Sie herausgefordert haben. Mit Zielen meine ich natürlich nicht das Vorhaben, mittags Pommes mit Ketchup essen zu gehen. Es darf schon etwas anspruchsvoller sein.

Ziele sind Aufgaben, die mich reizen, die mich interessieren, die wirklich in mir ein besonderes Gefühl auslösen. Ziele sind Visionen, sind Träume, deren Verwirklichung mich in eine absolute Hochstimmung versetzt.

Aber leider haben wir verlernt, solche Ziele zu haben.

Als wir das letzte Mal als Kind vielleicht die Absicht äußerten, später einmal Filmstar oder Weltmeister zu werden, wurde uns dies wahrscheinlich mit dem – durchaus gut gemeinten – Ratschlag verdorben: »Du wirst auch noch sehen, wie schwer das Leben ist!«

Nur keine Probleme aufkommen lassen, das liebe Kind vor Misserfolgen bewahren! So wurden wir dann im Laufe unseres weiteren Erwachsenwerdens zunehmend »realistisch«, wir lernten Träume auch als solche zu behandeln und schleunigst von diesen »Schäumen« zu lassen. Und heute stehen wir nun unseren Mann oder unsere Frau und wissen oft genug nicht wozu.

Ich will Ihnen was sagen: Ich glaube, dass diese Träume, die wir früher so hatten und die vielleicht heute immer wieder durchkommen, ganz wichtige Wegweiser für unser Leben sind.

Hier liegt das, was aus einem Beruf eine Berufung machen kann.
Auch wenn diese Träume noch so »unrealistisch« sind.
Hier liegt unser Potenzial, unsere Chance, unsere Lebenserfüllung.

Oder wie Johann Wolfgang von Goethe es formulierte:

**»Unsere Wünsche sind Vorboten
desjenigen, was wir
zu leisten imstande sind.«**

Nehmen Sie mich (Bärbel). Wollen Sie wissen, welchen Job sich meine Eltern für mich ausgedacht hatten? Chefsekretärin. Mich schaudert es heute noch, wenn ich daran denke. Nicht, weil der Job grundsätzlich schlecht wäre, ganz sicher nicht. Es ist ein prima Job. Aber er ist einfach völlig ungeeignet für mich. Ich war genau vier Monate im ganzen Leben angestellt und mehr hätte ich auch nicht gut vertragen. Ich brauchte schon immer Freiraum und Flexibilität und das passt zum Berufsbild einer Chefsekretärin nicht so richtig.

Wenn mir aber nach der Schule einer gesagt hätte, dass ich mal Bücher schreibe, über eine Million davon verkaufe, außerdem Doku-Filme drehe und Vorträge vor mehreren hundert Menschen halte und dabei noch Spaß habe, dann hätte ich demjenigen auch die ganze Latte der obigen Sätze runtergerasselt: »Unrealistisch, bleib mal auf dem Teppich, nicht nach den Sternen greifen, etc.«

Zu meinem ersten Vortrag sind 14 Leute gekommen und ich habe eine ganze Flasche Baldrian zur Beruhigung getrunken, weil ich so aufgeregt war. Heute bin ich weitaus gelassener, selbst wenn es 1000 Zuhörer sind. Wobei ich auch gerne zugebe, dass ein Trick dabei ist, zumindest bei mir. Ich stelle mir einfach vor, dass die 1000 Menschen keine fremden Leute sind, sondern meine besten und ältesten Freunde, und wir sitzen gerade gemütlich beim Plausch in meinem Wohnzimmer und ich erzähle ihnen, was mir derzeit so durch den Kopf geht. In meiner Vorstellung sitzen dann 300 Carstens und 700 Ingrids vor mir. Und Carsten und Ingrid kann ich doch alles erzählen, kein Problem...

Ich stimme daher heute voll und ganz mit Goethe überein, dass auch unsere geheimsten und verrücktesten Wünsche in der Tat Vorboten unserer Fähigkeiten sind. Nur eins können wir völlig vergessen: Nämlich uns im Vorhinein den Weg zur Erfüllung unserer Wünsche auszudenken. Da müssen wir uns wirklich überraschen lassen. Mir ging es zumindest zu 100 Prozent so, und zwar nicht einmal, sondern ständig immer wieder. Das ist Teil des Prinzips: Ich bestimme das Ziel und überlasse dem Leben den Weg!

Grenzen

**»Niemals wird dir ein Wunsch gegeben,
ohne die Kraft, ihn zu verwirklichen!«**

Hört sich gut an, oder? Deshalb möchte ich diesen Satz noch einmal wiederholen und Sie bitten, ihn wirklich verinnerlicht und mit großer Ernsthaftigkeit zu lesen.

**»Niemals wird dir ein Wunsch gegeben,
ohne die Kraft, ihn zu verwirklichen!«**

Es gibt auf unserer Erde nichts, was sinnlos ist. Sehen Sie sich unsere Natur an. Wozu hätten wir in unserer Luft Sauerstoff, wenn es nicht Tiere und Menschen gäbe, die ihn brauchen. Umgekehrt genauso: Wir hätten keine Tiere und Menschen, wenn es keinen Sauerstoff gäbe.

Wozu hätten wir Wasser und Regen auf diesem Planeten, wenn es nicht Tiere, Menschen und Pflanzen gäbe, die ihn brauchen. Und genauso ist es unmöglich, dass Sie Wünsche haben, ohne die Möglichkeit, sie zu realisieren.

Was hätten sie wohl für einen Sinn? Und einen Sinn hat alles auf dieser Welt. Jedes Tier und jede Pflanze hat einen Sinn. Auch wenn wir ihn – zugegebenermaßen – oft erst erkennen, wenn wir die Tier- oder Pflanzenart ausgerottet haben.

Sie können jetzt vielleicht sagen, dass die Vergleiche hinken. Die mit dem Wasser und den Lebewesen. Wir hätten ja gar keine Lebewesen, wenn wir kein Wasser hätten.

Stimmt! Und genau so hätten wir keine Menschen, wenn es

keine Ziele gäbe. Keine Lebensaufgaben, keine Berufungen, keine Wünsche.

Seien Sie also bei Ihren Zielen nicht zu bescheiden!

Sprengen Sie Grenzen!

»Wir alle leben in festen Grenzen, die uns aufgrund unserer Herkunft, unserer Intelligenz, der Gesetze, unseres Geldes, unserer Beziehungen gesetzt sind. Aus diesen Grenzen gibt es kein Entkommen.« So oder so ähnlich wird uns immer wieder von den verschiedensten Seiten »geraten«, uns mit dem Wenigen, was wir haben, zufrieden zu geben. Vergessen Sie es!

Wir sind keinen Grenzen unterworfen. Höchstens denen, die wir uns selber setzen (oder die uns halt von außen aufgedrückt werden und die wir hinnehmen).

Was gab es nicht schon alles für Grenzen, die nach den Naturgesetzen, nach den Erfahrungen oder wonach sonst noch allem, nie überwunden werden konnten. Und die heute doch schon lange hinter uns liegen.

Beim 100 m Sprint der Männer war es über Jahrzehnte nicht möglich, diese Strecke in einer Zeit von 10,0 Sekunden zu laufen. Und man hat aus dieser Tatsache sogar eine Wissenschaft gemacht. Man hat doch tatsächlich »wissenschaftlich« bewiesen, dass diese Leistung auch wirklich unmöglich ist. Angefangen bei den Trägheitsgesetzen, den sportwissenschaftlichen Erkenntnissen über Schnellkraftleistungen der Muskulatur, Kontraktionsgeschwindigkeit, Kraft-Masse-Verhältnis bis hin zum Luftwiderstand – alle Komponenten ergaben eindeutig, dass es einfach nicht möglich ist, die 100 m in 10,0 Sekunden zu schaffen. Bis einer kam und an den ganzen wissenschaftlichen »Zauber« einfach nicht glaubte, sich über alles hinwegsetzte und das Ziel hatte, diese »Schallmauer« zu durchbrechen, Armin Hary.

Heute weiß jeder Spitzenathlet, dass dies möglich ist, er kann also auch sein Training auf die bessere Zeit einstellen.

Oder nehmen wir Reinhold Messner, den Bergsteiger:
Vor seiner ersten Besteigung eines Achttausenders ohne Sauerstoffgerät bescheinigten ihm zahlreiche Mediziner, dass er dieses Unternehmen nie überleben würde, andere sprachen von enormen Gehirnschädigungen durch die mangelnde Sauerstoffversorgung.
Sein Glaube an die Unbegrenztheit der menschlichen Leistungsfähigkeit jedoch gab ihm Recht.
Noch heute erfreut er sich bester Gesundheit und unternimmt noch immer »unmögliche« Abenteuer.

Nehmen wir Hubert Schwarz, den »Bayer des Jahres 2001«:
Der sympathische Extremsportler hat im Jahre 2000 einmal die Erde umrundet – mit dem Rad!

Oder gehen Sie doch einfach einmal in den Zirkus:
Was dort die »Schlangenmenschen« vorführen, ist allein vom Aufbau des menschlichen Skelettes her nicht möglich. Dennoch tun sie es.

Es gibt in der Tat keine Grenzen!
Auch wenn wir versuchen, die Weiten des Kosmos oder immer kleinere Dimensionen des Mikro-Kosmos zu untersuchen, wir können einfach keine anderen Grenzen erreichen als die, die uns durch unsere Beobachtungsinstrumente gesetzt sind.
Und da liegt häufig »der Hase im Pfeffer«.
Nicht unsere Welt ist begrenzt, nicht unsere Möglichkeiten sind es, nicht wir sind es, sondern einfach unsere Wahrnehmung diesbezüglich. Wir müssen einfach anerkennen, dass es jenseits unserer fünf Sinne auch noch unendlich viele Dinge gibt, die wir eben nicht sehen, hören, riechen, fühlen oder schmecken können. Viele dieser Bereiche konnten wir uns ja schon durch die technischen Errungenschaften erschließen. Aber auch darüber hinaus gibt es keine Grenzen. Beginnen auch Sie ab sofort, ohne Grenzen zu denken!
Auch politische Grenzen können nur fallen, wenn jemand beginnt, sich das Land ohne diese vorzustellen. Wie viel Glau-

ben, wie viel Kraft muss allein hinter der Vorstellung gesteckt haben, sich die ehemals innerdeutsche Grenze »wegzudenken«. Aber es hat funktioniert, trotz widrigster Bedingungen.

Es gibt eine schöne Geschichte:
Ein Bauer bot auf dem Markt einen Kürbis an, der genau die Form eines Kruges hatte. Auf die Frage, wie er denn eine solche Form züchten konnte, sagte er, er hätte über die damals noch kleine Pflanze einen Krug gestülpt. Der Kürbis ist also in den Krug hineingewachsen, hat die ganze Form ausgefüllt und hat dann – was sollte er auch anderes tun – mit dem Wachsen aufgehört. Zum Ernten zerschlug der Bauer den Krug und konnte so das Prachtstück zum Verkauf anbieten.

Auch uns ist häufig ein solcher Krug übergestülpt in Form unserer Begrenzungen. Wir können also nur bis zu einer ganz bestimmten Größe und Form wachsen.

Ich (Clemens) verwende auch gerne das Bild eines Gartenzaunes, den wir um uns herum haben und der unsere Bewegungsfähigkeit einengt. Verschieben Sie den Zaun so weit von sich weg, wie Sie wollen. Vielleicht werfen Sie ihn ja auch ganz zum Müll.

Wehren Sie sich gegen jede Art der Beschränkung, seien Sie grenzenlos. Wenn Sie jetzt innerlich aufschreien, wenn Sie jetzt protestieren gegen diese Grenzenlosigkeit, kann ich das sehr gut verstehen. Wir alle sind mit diesem »Grenzen-Denken« aufgewachsen. Und wenn Sie jetzt sagen, dass man aber doch realistisch bleiben müsse, dann kann ich auch das verstehen.
Aber überlegen Sie doch einmal, wie »realistisch« waren denn die großen Denker und Erfinder unserer Weltgeschichte. War es realistisch für einen Menschen des Mittelalters zu fliegen? War es realistisch, einem Menschen ein fremdes Herz einzupflanzen? War es realistisch, dass in Deutschland die Mauer fällt?
»Real«, wahr ist für uns das, was wir wahr-nehmen können. Doch ist diese Wahrnehmung eben beschränkt: durch unsere fünf

Sinne, durch unsere technischen Mittel und schließlich durch unsere gefilterte Wahrnehmung.

Natürlich gibt es Dinge, die wir nicht so ohne weiteres verändern können! Aber diese würden Sie sich nie zu ändern vornehmen. (Zumindest nicht, wenn es nicht wirklich ein eigener, persönlicher Wunsch ist!)

Seien Sie mutig, das »Unmögliche« möglich zu machen!

Und dieses »Unmögliche« ist sehr viel möglicher, als Sie vielleicht denken. Um sich dies selbst zu beweisen, können Sie folgende Übung durchführen. Es geht darum, die maximale Dehnfähigkeit Ihrer Oberkörper-Muskulatur und der Sehnen und Bänder zu testen:

Stellen Sie sich auf einen Platz, an dem Sie bei ausgestreckten Armen ringsum genügend Bewegungsfreiheit haben, ohne irgendwo anzustoßen. Um sich auf die eigentliche Übung vorzubereiten, sollten Sie zunächst einmal den Oberkörper locker links und rechts herum drehen. Die Füße bleiben dabei fest am Boden stehen. Die Bewegung kommt also nur aus der Hüfte.

Machen Sie nun bitte Folgendes: Strecken Sie den rechten Arm nach vorne und zeigen Sie mit dem Zeigefinger in Augenhöhe nach vorne, als ob Sie jemandem etwas weit Entferntes zeigen wollten. Drehen Sie nun den Oberkörper samt Arm nach rechts herum. Die Füße bleiben natürlich fest am Boden stehen. Sehen Sie bitte dabei immer über Ihren ausgestreckten rechten Zeigefinger, als würden Sie mit einem Gewehr zielen. Wenn Sie sich so weit gedreht haben, wie Sie maximal können, merken Sie sich bitte die Stelle, die Sie mit Ihrem Finger anvisiert haben.

Wiederholen Sie nun die Übung ein zweites Mal. Da Sie nun etwas vorgedehnt sind, werden Sie wahrscheinlich etwas weiter kommen als beim ersten Versuch.

Wenn Sie glauben, es noch weiter schaffen zu können, können Sie die Übung gerne noch ein drittes Mal wiederholen. Sie haben nun also die maximal mögliche Drehweite Ihres Oberkörpers ermittelt.

Schauen Sie sich nun nochmals die Stelle im Raum an, die Sie als letztes mit dem Finger anvisiert haben, den maximal erreichbaren Punkt also. Suchen Sie sich nun einen Punkt heraus, der weiter liegt als Ihr Maximum, einen Punkt also, der ein gutes Stück dahinter liegt, einen Punkt, den Sie aufgrund Ihrer eben ermittelten Dehnungsfähigkeit nicht erreichen können.

Schließen Sie nun die Augen und stellen sich einfach vor – ohne es tatsächlich zu tun – Sie würden die Übung wiederholen und dabei würden Sie den neuen Punkt sogar erreichen.

Und nun probieren Sie die Übung wirklich noch einmal. Gehen Sie in die gleiche Ausgangsstellung wie eben und drehen Sie wieder den Oberkörper nach rechts.

Praktisch alle Teilnehmer, mit denen ich (Clemens) diese Übung gemacht habe, haben bei diesem letzten Durchgang den neuen Punkt, der eigentlich nicht mehr möglich war, tatsächlich erreicht. Ein schöner Beweis dafür, dass uns wirklich keine Grenzen gesetzt sind, außer denen, die wir uns selber setzen.

Potenzial-Analyse

Wenn Sie möchten, können Sie hier nun einmal Ihre persönlichen Potenziale herausfinden – am besten aber gleich für alle wichtigen Lebensbereiche. Unser Leben sollte sinnvollerweise auf mehreren Säulen stehen. Und nach meinem (Clemens) Dafürhalten auf fünf Säulen.

Beruf

Dazu gehören Karriere, aber auch Berufung und die Lebensaufgabe. Viele, gerade karriereorientierte Menschen, begehen den Fehler, dass dies die einzige Säule ist, auf die sie sich stützen. Alles wird dem Beruf untergeordnet. Dies führt sehr oft dazu, dass diese Menschen im Beruf zwar erfolgreich, aber in anderen Bereichen wiederum nicht erfolgreich sind.

Finanzen

Natürlich verdienen wir mit unserem Beruf unser Geld, aber wir sollten dem Bereich Finanzen gesonderte Aufmerksamkeit zuwenden. Viele Menschen geben regelmäßig mehr Geld aus, als sie verdienen und wundern sich dann, dass sie nie zu etwas kommen. Und gerade in unserer heutigen Zeit, wo praktisch keiner mehr damit rechnen kann, dass er eine Rente beziehen wird, die seinen gewohnten Lebensstandard aufrecht erhalten kann, ist es um so wichtiger, sich über seine Finanzen Gedanken zu machen. Hierfür verweise ich auch auf die entsprechende Literatur im Anhang. In diesen Bereich fallen die Themen Geld, Kapitalanlagen und langfristige Anlagen.

Beziehungen

Hier steht ganz oben die Partnerschaft, die Familie, aber auch Freunde und Kollegen. Wir müssen unsere Beziehungen pflegen, um sie am Leben zu erhalten. Gerade wenn man karriereorientiert ist, vergisst man ganz oft die persönlichen Beziehungen. Man pflegt seine Partnerschaft nicht mehr, so nach dem Motto: »Ich bin ja schon verheiratet.« Aber genau wie ein Muskel, den man nicht pflegt, den man nicht trainiert und nutzt, verkümmert – denken Sie an ein Bein, das nach sechs Wochen Gips wieder zum Vorschein kommt –, genau so verkümmert auch eine Partnerschaft, die man nicht pflegt. Natürlich ist es nicht möglich, den gleichen zeitlichen Aufwand in eine Partnerschaft, wie in den Beruf zum Beispiel zu investieren. Aber es geht hier mehr um den Fokus, um die Aufmerksamkeit, einfach darum, einen Blick darauf zu haben, sich wirklich aktiv darum zu kümmern.

Körper

Hier zum Thema Gesundheit, Aussehen und Figur. Interessanterweise hat die moderne Medizin festgestellt, dass der menschliche Körper auf sage und schreibe 120 Jahre ausgelegt ist – vorausgesetzt, wir ernähren ihn vernünftig, wir bewegen ihn physiologisch ausreichend, wir verzichten weitgehend auf Gifte wie Nikotin und übermäßigen Alkohol und haben eine positive seelische Grundeinstellung. Viele Menschen behandeln ihr Auto besser als ihren Körper. Viele gehen mit ihrem Körper um, als ob sie noch einige Ersatzkörper zu Hause liegen hätten. Man weiß in der Zwischenzeit, dass der Abfall der Leistungsfähigkeit mit den Jahren weniger mit fortschreitendem Alter, als viel mehr mit falscher Pflege und Behandlung zu tun hat.

Entwicklung
Damit ist gemeint, das Lernen von neuen Dingen, die Weiterbildung oder einfach die Entwicklung unserer Persönlichkeit. Wenn in der Natur etwas nicht mehr wächst, stirbt es. Wenn ein Baum nicht mehr wächst, stirbt er. Auch bei uns Menschen gibt es immer Dinge, die wachsen. Sicher nicht in der Größe, aber unsere Haare und Fingernägel wachsen so lange wir leben. Und somit ist auch das innere, das geistige und seelische Wachstum ein ganz natürlicher Prozess. Achten wir darauf, dass wir diesen Prozess aktiv unterstützen, indem wir uns immer weiterentwickeln.

Wenn wir alle fünf Säulen aktiv angehen, steht unser Leben auf festem Grund. Wenn fünf Säulen da sind, dann kann ruhig mal eine wackeln. Es sind noch andere vier Säulen da, die unser Leben tragen. Diejenigen, die nur eine Säule haben, nehmen wir das Thema Beruf, die werden verständlicherweise bei Problemen in diesem Bereich ganz schnell aufgeben. Aber dennoch ist es natürlich so, dass sich die einzelnen Säulen gegenseitig bedingen, dass sie quasi unten miteinander verbunden sind.
Und das ist ähnlich wie bei unserer Hand. Sie haben zwar fünf Finger an einer Hand, wenn sie aber auf einen Finger mit einem Hammer drauf hauen, sagen sie auch nicht: »Macht nichts, ich habe ja noch vier.« Es tut schlicht und ergreifend verdammt weh. Und so ist es auch im Leben. Wenn nur eine Säule Probleme macht, werden in der Regel alle anderen dadurch in Mitleidenschaft gezogen. Auch deshalb sollten wir zusehen, alle Bereiche unseres Lebens gleichmäßig zu beachten.

Und die Basis dafür ist ökologisches und ökonomisches Arbeiten. Ökologisches Arbeiten nicht nur im Sinne von: »für die Natur«, sondern im Sinne von: »zum Wohle aller Beteiligten«. Denken Sie daran: Es kommt alles wieder. Tun Sie deshalb nur Dinge, die allen Menschen nutzen.
Und ökonomisch heißt, mit möglichst wenig Aufwand den größtmöglichen Nutzen erzielen. Und der Prozess, den wir hier besprechen, ist zumindest meines Wissens das Wichtigste, was Sie tun können, um mit möglichst wenig Aufwand quasi automatisch zum Ziel zu kommen.

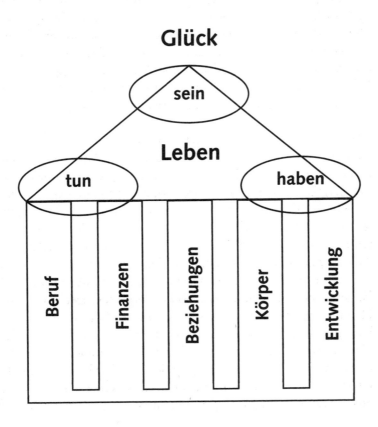

Das Leben besteht ja im Grunde aus drei Bereichen: sein, tun und haben. In unserer Gesellschaft wollen die meisten Menschen zunächst einmal etwas haben, um dann damit etwas zu tun und dann sind sie wer. Nur allzu oft machen wir die Erfahrung, dass das nicht funktioniert. Wir müssen nämlich beim Sein beginnen: Innen, in unserer Psyche, ein neues Bild, ein neues Zielbild erstellen und aus diesem inneren Sein, aus diesem inneren Bewusstsein heraus tun wir dann andere Dinge und dann kommt das Haben automatisch hinterher.

Wie Sie aus der Grafik ersehen, ist das Ziel all dessen, was wir tun, schlicht und ergreifend Glück. Wenn Sie sich selbst einmal hinterfragen, warum Sie bestimmte Dinge haben oder tun wollen oder irgendwie oder irgendetwas sein wollen, und wenn Sie dann oft genug »warum?«, »warum?«, »warum?« fragen, werden Sie irgendwann dahin kommen, dass Sie sagen: um glücklich zu sein.

Ziel all unseres Strebens, all unserer Handlungen, ist letztendlich das Glück.

Und wenn wir unser Leben auf diese fünf Säulen stellen, wenn wir uns in jedem Bereich Ziele setzen, dann wird Glück – im Sinne von glücklich sein – etwas werden, was mehr und mehr zu unserem Alltag gehört.

Kommen wir nun zu der Potenzialanalyse.
Auf den nachfolgenden Seiten sehen sie verschiedene Bögen zum Ausfüllen.
Die ersten tragen die Überschrift: *sein, tun* und *haben.*
Der erste: Fragen Sie sich einmal, *was oder wie Sie gerne wären.*
Und das bitte natürlich zu den fünf Lebensbereichen: Beruf, Finanzen, Beziehungen, Körper und Entwicklung.
Der zweite, *was Sie gerne täten,* der dritte, *was Sie gerne hätten.*
Ebenfalls wieder aufgeteilt auf die Lebensbereiche.
Denken Sie daran: Wünsche sind die Vorboten unserer Fähig-

keiten. Was wir also sein, tun oder haben wollen, hat sehr wohl mit unseren Potenzialen zu tun.
Es geht bei diesen Listen nicht darum, nur Dinge aufzuschreiben, die nach heutigem Stand realistisch sind. (Denken Sie an das Thema »Grenzen«!) Es geht zunächst einmal darum, dass Sie Ihre Wünsche auflisten. Was Sie später damit anfangen, liegt ganz bei Ihnen.

Aus dem NLP (Neurolinguistische Programmierung) sind die drei Projektzimmer, die Walt Disney gehabt haben soll, besonders bekannt geworden:
Im ersten Zimmer hat er wild und grenzenlos phantasiert, was er gerne machen wollen würde. Im zweiten Zimmer stellte er sich die Frage, was er für die Umsetzung alles brauchen würde und erst im dritten Zimmer durfte der innere Kritiker seine Zweifel dazu äußern.
Mit den Einwänden des Kritikers und der Liste, was nötig sei, soll Walt Disney dann wieder ins erste Visionszimmer marschiert sein, um die Vision neu zu überdenken.
Walt Disney machte so vielfach das bis dahin filmtechnisch Unmögliche doch möglich.
Der Trick besteht darin, sich seine Visionen nicht zu früh vom Kritiker zermalmen zu lassen, denn sonst entsteht nie etwas Neues.

Die vierte Liste heißt: *Dinge, die ich gut kann.* Auch das sind natürlich Hinweise auf unser Potenzial.
Überlegen Sie sich einmal Dinge, die Sie wirklich gut können. Und dabei muss dieses »gut können« nicht von allen Menschen als gut bezeichnet werden.

Ein Beispiel hierzu:
Unsere Kollegin Vera F. Birkenbihl hat einmal erzählt, dass sie als Jugendliche sehr darunter gelitten hat, dass sie so viel gesprochen hat. Gelitten hat sie deshalb darunter, weil sie auf keine Party mehr ein-

geladen wurde, weil sie regelrecht gemieden wurde von ihren Alters-
genossinnen und -genossen. Bis eines Tages ein Onkel von ihr sie zur
Seite nahm und ihr erklärte: »Du, zwei Dinge dazu: Einmal, wer
beschwert sich denn darüber, dass du so viel redest. Sind es diejeni-
gen, die selber nichts sagen, oder sind es diejenigen, die selber auch
viel sagen wollen, aber bei dir nicht zu Wort kommen?« Und in der
Tat war es mehr die zweite Gruppe.
Und der zweite Punkt – und das war das Wichtige – er sagte: »Viel
reden zu können vor Gruppen, vor Menschen einfach etwas sagen
zu können ist eine tolle Begabung, ist ein Potenzial, das viele Men-
schen nicht haben.« Und da hat es bei ihr »klick« gemacht. Und heute
bekommt sie sehr viel Geld dafür, dass sie viel redet.

Also noch einmal: Dinge, die Sie gut können, müssen nicht von
allen als gut bewertet werden.

Ein weiterer wichtiger Punkt: Bilden Sie sich bitte nicht ein, dass
Sie nichts gut können. Das muss nichts Großartiges sein. Gut
zuhören können ist eine tolle Fähigkeit. Einen Haushalt zu führen,
Kinder groß zu ziehen sind Dinge von unschätzbarem Wert.

Die letzte Liste heißt: *Dinge, die mir Spaß machen.* Überlegen Sie
einmal, was Ihnen wirklich Spaß macht, woran Sie Freude haben,
worin Sie aufgehen. Auch das sind Hinweise darauf, wo unsere
eigentliche Berufung liegt.

Wenn Sie diese Listen ausgefüllt haben, untersuchen Sie doch
einmal, ob sich aus allen aufgelisteten Punkten bestimmte Schwer-
punkte bilden lassen. Vielleicht ergeben sich auch neue Überbegriffe, neue Ziele, in die andere plötzlich hineinpassen. Diese sind
dann in Richtung Lebensziele, Berufung einzustufen.

sein

Wie / Was ich gerne wäre!

Beruf:

Finanzen:

Beziehungen:

Körper:

Entwicklung:

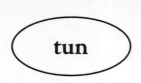

Was ich gerne täte!

Beruf:

Finanzen:

Beziehungen:

Körper:

Entwicklung:

Was ich gerne hätte!

Beruf:_____
_____
_____
_____

Finanzen:_____
_____
_____
_____

Beziehungen:_____
_____
_____
_____

Körper:_____
_____
_____
_____

Entwicklung:_____
_____
_____
_____

Dinge, die ich gut kann

1. _____

2. _____

3. _____

4. _____

5. _____

6. _____

7. _____

8. _____

9. _____

10. _____

11. _____

12. _____

13. _____

14. _____

15. _____

Dinge, die mir Spaß machen

1. _____

2. _____

3. _____

4. _____

5. _____

6. _____

7. _____

8. _____

9. _____

10. _____

11. _____

12. _____

13. _____

14. _____

15. _____

Eigene, persönliche Ziele

Wenn Sie nun also Ihre Listen ausgefüllt haben, wenn Sie Überbegriffe gefunden haben, wenn Sie wirklich grenzenlos waren, dann haben Sie nun schon einen einigermaßen guten Überblick über das, was Sie in Ihrem Leben noch so alles erreichen wollen.

Sie wissen aber nun immer noch nicht, welche dieser Wünsche nun Ihrem persönlichen Lebensplan entsprechen und welche im Laufe Ihres Lebens von außen in Sie hineingelegt wurden.

Machen Sie bitte einfach Folgendes:

Setzen Sie sich hin, entspannen Sie sich (wie zu einer Meditation) und erleben Sie innerlich die Erfüllung Ihrer Wünsche. (Dies ist im Grunde der gleiche Vorgang wie bei der Neu-Programmierung, hier hat er aber eine andere Absicht.)

Nehmen Sie jeden einzelnen Punkt und sehen Sie sich, nachdem Sie sich diesen Wunsch erfüllt haben. Tun Sie so, als ob es bereits so wäre. Und gehen Sie nun bitte in alle Details hinein, erleben Sie alles, was mit diesem Ziel in Verbindung steht.

Sie werden nun zwangsläufig auch Dinge bemerken, die weniger positiv sind, die Sie aber in der ersten Begeisterung übersehen hatten. Und versuchen Sie diese negativen Seiten einmal ganz bewusst herauszufinden. Woran haben Sie in Bezug auf dieses Ziel noch nicht gedacht?

Durch diese einfache Übung können Sie sich mit allen Folgen Ihrer Ziele vertraut machen. Häufig vergessen (oder verdrängen) wir die negativen Seiten einer Sache. Aber erst, wenn Sie alle Vor- und Nachteile kennen, können Sie abwägen, ob Sie sich den Wunsch immer noch erfüllen wollen.

Es ist sicherlich schick, einen tollen Sportwagen zu fahren. Und er hat sicherlich seine guten Seiten, die man sich – unterstützt durch Werbung und Gesellschaft – immer wieder vor Augen hält. Wenn Sie bei der Übung eben aber bemerkt haben, dass Sie mit diesem Wagen alle 400 km zur Tankstelle müssen und dort richtig viel Geld loswerden, wenn Sie die anfallenden Versicherungen und Steuern plötzlich als

Rechnung vor sich gesehen haben, wenn Ihnen die Inspektions- und Reparaturkosten auf den Magen schlagen, dann haben Sie alle Informationen, um eine Entscheidung zu treffen.

Wenn ein Ziel tatsächlich ein persönliches Ziel ist, ein Ziel, das etwas mit Ihrer Lebensaufgabe, mit Ihrer Berufung zu tun hat, so werden Sie entweder keine negativen Seiten finden oder Sie werden sie bewusst akzeptieren können.
Sobald Sie etwas Übung haben in dieser Weise die Wünsche einzuordnen, wird auch Folgendes passieren:

Wenn Sie sich eines Wunsches bewusst werden, stellen Sie ihn sich als bereits erfüllt vor. Und in diesem Moment werden Sie das Gefühl erleben, das Sie vielleicht schon so oft erlebt haben. Sie werden merken, ob Sie die Erfüllung dieses Wunsches befriedigt, ob es sich gelohnt hat, den Weg zu gehen und die Anstrengungen auf sich zu nehmen, oder aber ob es eben doch kein wirklicher, persönlicher Wunsch war.

Hierdurch werden Sie innerhalb kürzester Zeit in der Lage sein, die »richtigen« von den »falschen« Wünschen zu unterscheiden und somit Ihr Leben immer schneller in Richtung Berufung zu lenken.

Ziel – nicht Weg!
Achten Sie bei der Zielformulierung auch bitte darauf, dass Sie wirklich nur das Endziel, das, was dabei herauskommen soll, anvisieren. Wir neigen aufgrund unserer logisch-rationalen Erziehung dazu, Wege vorwegnehmen zu wollen. Sobald uns ein Ziel in den Sinn kommt, sagen wir uns vielleicht: »Wie soll das denn gehen?« und verwerfen das Ganze wieder. Dabei können wir mit unserem – im Verhältnis gesehen – kleinen Verstand gar nicht alle Möglichkeiten erkennen.
Versuchen Sie also, sich das Ziel und nicht die notwendigen Schritte vorzunehmen.

Wenn Sie sich ein Haus wünschen, dann sehen Sie auch bitte immer nur das Haus, in allen Einzelheiten, nachdem Sie bereits darin wohnen. Sehen Sie nicht das Geld, das Sie dafür brauchen, die Kredite, die Bürgschaften, die Arbeiter oder was sonst noch zu dem Weg gehört.

Tun Sie so, als ob alles schon so wäre – zumindest in der Vorstellung. Es gibt so viele Möglichkeiten, wie Sie zu Ihrem Traumhaus kommen können. Mehr als Sie sich vielleicht erträumen.

Zwei kleine Beispiele dazu, dass das Leben sich seine Wege selber sucht, von Lesern der *Bestellungen beim Universum*:

Christel aus Wilhelmshaven schrieb mir (Bärbel): »*Mein Mann, mein Sohn und ich wohnen in Wilhelmshaven und wir wollten gerne mal ins Phantasialand nach Brühl. Da uns nicht ganz so viel Geld zur Verfügung steht, habe ich eine Bestellung losgeschickt, damit wir eine günstige Übernachtung finden.*

Wir fuhren los und kurz vor unserem Ziel sind wir auf einen Parkplatz an der Autobahn gefahren. Vor uns stand ein Auto mit Kennzeichen aus Köln. Das Pärchen sprach uns an und erzählte uns, dass sie auch gerade aus Wilhelmshaven kämen und wieder nach Köln wollten. Wir kamen ins Gespräch und als wir fragten, wie wir am besten nach Brühl kämen, sagten sie uns, wir sollten ihnen einfach hinterher fahren und wir könnten ja, wenn wir wollten, bei ihnen einen Kaffee trinken. Das taten wir dann auch. Beim Kaffee fragten uns die beiden, ob wir schon wüssten, wo wir übernachten wollten. Als wir das verneinten, schlugen sie uns vor, für die Nacht ihr Gästezimmer zu benutzen. Wir waren angenehm überrascht, weil sie uns auch sehr sympathisch waren. Abends luden wir sie zum Essen ein. Und somit hatten wir drei eine supergünstige Übernachtung und eine neue Freundschaft, die immer noch anhält.

Alle, denen wir diese Geschichte erzählen, können es nicht glauben, aber ich versichere, es hat sich wirklich so zugetragen.«

Hartnäckig im Mangeldenken verhaftete Menschen würden in so einem Fall das freundliche Kölner Pärchen vermutlich abgewim-

melt haben mit dem Hintergedanken, keine Zeit zum Kaffeetrinken zu haben, weil sie ja noch nach der günstigen Übernachtung Ausschau halten müssen...☺
Aber genau dort versteckt das Leben viele Lieferungen: Hinter netten kleinen Begebenheiten und manchmal auch hinter kleinen Umwegen.

Fall 2: Frau Pommerenke ist selbständig mit einer wunderbaren kleinen Praxis für Ayurveda-Kuren am Wörthsee. Die Kunden werden dort wirklich verwöhnt und erhalten zusätzlich hochenergetische Massagen von ihr. Gleichzeitig hat sie noch drei Kinder. Dass dabei der Haushalt öfter mal liegen bleibt, kann man sich leicht denken. Eine Putzhilfe auch noch für die Privatwohnung zu bezahlen erschien ihr aber zuviel an Luxus und so bestellte sie einfach mal so ins Blaue hinein beim Universum eine nette zusätzliche Haushaltshilfe für einmal in der Woche, die aber möglichst wenig bis gar nichts kosten sollte. Unglaublich aber wahr: Diese Bestellung wurde geliefert. Eine Kundin erzählte ihr kurz darauf, dass ihre Tochter an einer Hauswirtschaftsschule sei und einen Praktikumsplatz in einem Privathaushalt für einmal in der Woche suche. Sprich, das Kind sollte kochen, putzen, aufräumen und so weiter, und zwar ohne Geld – rein gegen etwas Unterstützung und Anleitung. Nun hat sie doch tatsächlich für ein Jahr eine gute Haushaltshilfe völlig kostenfrei.

Wie läuft so eine Geschichte denn normalerweise ab?
Man hat einen Wunsch.
Man überprüft die Möglichkeiten und stellt beispielsweise fest: kein Geld!
Und das war's dann!

Fragen Sie nie danach, wie Sie etwas bekommen können. Ihr Unterbewusstsein ist so unendlich viel klüger als Sie. Sagen Sie ihm einfach, was Sie wollen.
Und dieses »einfach sagen, was Sie wollen« ist ein zentraler Punkt. Das Einzige – und das meinen wir jetzt ganz ernst –, was

Sie im Leben wirklich tun müssen, ist, Ihrem Unterbewusstsein unmissverständlich zu sagen, was Sie haben wollen.

In der Bibel steht hierfür:
»Bittet und es wird Euch gegeben.
...Klopfet an und es wird Euch aufgetan.«

Aber Sie müssen schon bitten!
Sie müssen schon anklopfen!

Natürlich ist es damit allein nicht getan. Aber es ist die Grundvoraussetzung für den Erfolg. Wenn Sie nicht sagen, was Sie haben wollen, dürfen Sie sich nicht beschweren, wenn Sie nichts bekommen. Wenn Sie nicht selbst bestimmen, wo es hingehen soll, bestimmen es eben andere. Wenn Sie nicht selbst leben, werden Sie gelebt.

Deshalb – hören Sie auf Ihre innere Stimme, hören Sie auf Ihre Wünsche und teilen Sie sie Ihrem Unterbewusstsein mit. Täglich! In einer der im nächsten Kapitel beschriebenen Formen. Dann wird es Sie automatisch in diese Richtung lenken.

Gehen müssen Sie natürlich selbst. Aber Sie sind ja bisher auch gegangen. Sie wurden ja bisher auch automatisch in Ihrem Verhalten, Ihrer Körperlichkeit und Ihrer Wahrnehmung von Ihren Prägungen gesteuert.

Nun haben Sie allerdings Ihren Kurs in eine Richtung festgelegt, die Ihnen Lebensglück, Erfüllung, Erfolg, Gesundheit und was Sie sich sonst noch wünschen garantiert.

Erwarten Sie jetzt aber bitte nicht, dass Sie, wenn Sie heute in Richtung auf ein Ziel losmarschieren, schon alle Möglichkeiten und Wege kennen können. Viele Menschen gehen deshalb nicht los, weil sie den Weg nicht bereits zu 100 Prozent kennen.

Es gibt im Leben so etwas wie ein »Korridor-Prinzip«. Stellen Sie sich vor, dass Sie in einer alten Schule oder in einer alten Behörde in einem langen Korridor stehen. Sie stehen vorne am Anfang und sehen rechts und links einige Türen, aber je weiter entlang Sie blicken, desto mehr verschwimmt das Ganze und Sie nehmen nicht mehr recht wahr, was dort so ist. Erst wenn Sie losmarschieren, diesen Korridor entlang, werden Sie auf dem Weg feststellen, dass da ja vielleicht noch ein Gang oder ein Treppenhaus oder sogar ein Fahrstuhl ist. Das heißt, es ergeben sich im Laufe des Weges erst Möglichkeiten, die Sie von vorne, vom Ausgangspunkt her, nicht sehen konnten.

Und genauso ist es auch im Leben. Wir müssen losmarschieren, um Möglichkeiten wahrzunehmen. Wir müssen den berühmten ersten Schritt tun, die »Karre ins Rollen bringen« und werden erst auf dem Weg ganz viele Chancen erkennen, die wir nutzen können, die uns auf dem Weg eine Hilfe sind. Vom heutigen Stand aus sind diese günstigen Gelegenheiten allerdings häufig nicht sichtbar. Deshalb, setzen Sie den ersten Schritt. Seien Sie mutig und los geht's.

Der erste Schritt

Dieser erste Schritt ist ein ganz zentraler Bereich. Untersuchungen über erfolgreich abgeschlossene Projekte haben ergeben, dass dieser erste Schritt innerhalb der ersten 72 Stunden – also der ersten drei Tage – getan werden muss, damit ein Projekt wirklich die Chance hat, erfolgreich abgeschlossen zu werden. Wenn Sie sich also ein neues Ziel setzen, überlegen Sie sich einen ersten Schritt, den Sie innerhalb der ersten 72 Stunden tun. Das muss nicht viel sein. Es genügt ein Anruf, ein persönliches Gespräch oder die Bestellung eines Kataloges. Wichtig ist, dass Sie irgendetwas tun in Richtung auf Ihr neues Ziel. Das ist zum einen ein Signal an Ihr Unterbewusstsein, dass Sie es ganz offensichtlich ernst meinen. Zum anderen aber auch ein Schritt in diesen Korridor, der Ihnen ab sofort immer neue Möglichkeiten eröffnen kann, die Sie bisher nicht für möglich gehalten haben.

Und noch ein Tipp:

Behalten Sie – zumindest solange Sie noch »Anfänger« mit dieser Methode sind – Ihre Ziele zunächst einmal für sich.

Natürlich sollten Sie Menschen, die direkt von Ihren Zielen betroffen sind, auch rechtzeitig darüber informieren. (Wenn Sie also zum Beispiel vorhaben, nach Kanada auszuwandern, sollten Sie das schon zumindest mit Ihrem Ehepartner besprechen!) Dieses »Für-sich-Behalten« hat folgenden Hintergrund: Erstens sind wir umgeben von so genannten »guten« Ratgebern. Menschen, die – ohne es vielleicht böse zu meinen – uns vor schlechten Erfahrungen bewahren wollen.

Wenn Sie jetzt also voller Euphorie erzählen, dass Sie zum Beispiel 20 Kilo abnehmen wollen, so kann Ihnen Ihr Umfeld das ganz schnell wieder ausreden wollen. »Wie soll denn das gehen?«, »Alles Schabernack!« oder was auch sonst noch an gut gemeinten Ratschlägen kommen kann.

Hinzu kommt häufig, dass Veränderungen von unseren Mitmenschen in der Regel gar nicht gerne gesehen werden. Die anderen haben sich auf Sie eingestellt, so wie Sie jetzt sind. Wenn Sie sich nun verändern, müssten sich die anderen ja zwangsläufig auch ändern. (Vielleicht hätten die anderen dann auch nur keine Ausrede mehr, selbst dick zu sein!) Gute Ratschläge sind – bei näherer Betrachtung – oft nur für diejenigen gut, die diese Ratschläge erteilen. Ich will damit jetzt nicht sagen, Sie sollten sich nie mehr einen Rat einholen, oder dass jeder es nur auf seinen Vorteil abgesehen hat. Ich möchte Ihnen aber die Chance geben, wirklich unvoreingenommen Ihre Erfahrungen mit diesem Thema zu machen. Wenn Sie Ihr Ziel erreicht haben, werden die anderen von ganz alleine kommen und verwundert fragen, wie Sie das denn geschafft haben. Lassen Sie sich also nicht um die Möglichkeit bringen, wirklich Ihre Ziele zu erreichen. Testen Sie es zunächst einmal für sich. Sie können nur gewinnen dabei.

Der zweite Grund, warum Sie Ihre Ziele zunächst für sich behalten sollten, ist folgender:

Wenn Sie sich heute ein bestimmtes Ziel setzen (bleiben wir einmal bei dem Abnehmen der 20 Kilo), dann kann sich dieses Ziel ja auch wieder verändern. Wir verändern uns ja auch ständig und mit uns verändern sich natürlich auch unsere Ziele.

Durch die Arbeit an diesem Thema kann es also zum Beispiel passieren, dass Sie erkennen, dass Ihre Figur gar nicht ein solches Problem ist. Sie waren bisher vielleicht der Meinung, nur schlank ein vollwertiger Mensch zu sein. Nun lernen Sie ein anderes Selbstwertgefühl zu entwickeln und Sie sind plötzlich zufrieden mit Ihrer Figur.

Jetzt haben Sie aber allen versprochen, dass Sie abnehmen werden. Und trotz heftigen Widerstandes haben Sie vielleicht laut getönt, dass »die anderen schon sehen werden, dass Sie es schaffen«.

Nun sind Sie natürlich in einer Zwickmühle. Und es kann passieren, dass Sie das Ziel dann dennoch verfolgen, nicht für sich, sondern für die anderen. Aber dann leben Sie ja schon wieder nicht Ihr Leben, sondern das Leben der anderen. Und diese Fernsteuerung wollten Sie doch eigentlich beenden!

Funktionsweise der Programmierung

Um die Programmierung noch etwas verständlicher zu machen, können Sie sich vorstellen, dass in unserem Unterbewusstsein zu jedem Thema eine Röhre existiert, in die die Informationen abgelegt werden. Sie kennen dieses Modell sicher von der Ziehung der Lottozahlen.

Jeder Gedanke – und somit natürlich jedes Wort, jede Tat, jede Wahrnehmung oder jedes Gefühl – wird in die entsprechende Röhre gelegt. Keine dieser Informationen geht je verloren. Die Röhre füllt sich also immer mehr. Wenn nun eine bestimmte Füllhöhe erreicht ist, wird das Unterbewusstsein diesen Inhalt automatisieren. Wir haben nun eine bestimmte Prägung.

Da es zu jedem Thema eine solche Röhre gibt, existieren somit auch Röhren, die sich widersprechen. So haben wir zum Beispiel eine Röhre für »dick« und eine Röhre für »schlank« (oder eben jeweils eine für alle Bereiche, die dazwischen liegen. Der Deutlichkeit halber wollen wir hier aber nur dieses einfache Modell besprechen).

Die Automatik wird nun über die Röhre laufen, die den meisten Inhalt hat, die wir also im Laufe unseres Lebens am meisten gefüllt haben. Wer also Figurprobleme hat, hat sich öfter und/oder mit mehr Gefühl mit dem Thema »dick« beschäftigt als mit dem Thema »schlank«. Die Röhre »dick« hat also mehr Inhalt, der Automatismus wird also über diese Röhre gesteuert. (Alle Betroffenen wissen, wie automatisch das tatsächlich funktioniert!)

Wenn Sie sich also auf »schlank« programmieren wollen, müssen Sie so lange Informationen in die »schlank«-Röhre geben, bis hier mehr Inhalt ist als in der »dick«-Röhre.

Diese Informationen bekommen wir, wie gesagt, zum einen über häufige Wiederholung oder stark emotionalisierte neue Eingaben oder über Programmierungen, die mit einem Gefühl von großer Leichtigkeit und Selbstverständlichkeit im Alpha-Zustand aufgenommen wurden.

Sie müssen sich also im Fall der ersten und für den Anfänger oft einfachsten Technik immer wieder mit dem Thema »schlank« beschäftigen. Jedes Mal, wenn Sie aber wieder einmal einen Gedanken an »dick« verschwenden, wird natürlich auch der gespeichert, die »dick«-Röhre holt also quasi wieder etwas auf.

Das Gleiche gilt für das Gefühl. Wenn wir gesagt haben, dass Informationen, die mit viel Gefühl verbunden sind, sehr schnell zu einer Prägung führen, so können wir uns zu diesem Modell Folgendes vorstellen:

Jeder Gedanke hat eine bestimmte »Höhe«, um die der Röhreninhalt ansteigt. Je größer nun das Gefühl ist, das mit diesem Gedanken verbunden ist, um so größer ist die »Höhe«, um die der Inhalt wächst. Ein zehnmaliges, gleichgültiges Wiederholen des Leitsatzes »*Ich bin schlank*« kann den gleichen Effekt (also die gleiche Höhe) haben wie ein einmaliges, mit großem Frust verbundenes »*Ich bin viel zu dick*.« Hierin liegt auch die Erklärung dafür, warum es sinnvoll ist, die eigentlichen Ursachen eines äußeren Symptoms zu beseitigen.

Wenn Sie zum Beispiel deshalb zu dick sind, weil Sie Angst vor körperlicher Nähe haben, dann werden die Informationen, die von dort kommen, die »dick«-Röhre ansteigen lassen. Wenn Sie die Neuprogrammierung nun ausschließlich über das Thema »schlank« vollziehen wollen, so kann dies funktionieren, wenn Sie einfach öfter und mit größerem Gefühl an »schlank« denken als an »dick«. Da aber die eigentliche Ursache nicht behoben ist, werden immer wieder Informationen zu »dick« kommen. Eine bereits durchgeführte Umprogrammierung (dass also die »schlank«-Röhre jetzt höher befüllt ist als die »dick«-Röhre) kann wieder umgedreht werden.

Hier läuft ja im Grunde das gleiche Spiel mit der Röhre »Nähe« und der Röhre »Distanz«. Da dabei die Automatik auf »Distanz« steht, werden immer wieder Informationen darüber – automatisch – ausgegeben. Es muss also zunächst die Automatik auf »Nähe« umgestellt werden. Dies funktioniert natürlich nach dem gleichen Prinzip, häufige Wiederholung und viel Gefühl.
Wird nun von hier nur noch »Nähe« ausgesandt, so wird dies eine Information sein, die automatisch die Röhre »schlank« füllt.

Parallel zur Umprogrammierung der eigentlichen Ursachen müssen wir das Ziel ebenfalls in unser Programm einbinden. Da die »schlank«-Röhre in der Regel sehr viel »Nachholbedarf« hat, müssen wir mit den beschriebenen Mitteln alle Möglichkeiten nutzen, um in diesem Bereich die Automatik zu installieren.

Und hier kommt ein weiterer wichtiger Punkt zum Tragen:
Solange die Informationen, die in die entsprechende Röhre fallen,

keine großen Auswirkungen haben, wird sich der Vorgang recht problemlos gestalten. Wir können also in aller Ruhe den Programmierungsvorgang ablaufen lassen. Sobald aber die bestehende Automatik »bedroht« wird, sobald also die »schlank«-Röhre langsam aber sicher die kritische Marke der »dick«-Röhre erreicht, wird sich der bestehende Automatismus zu wehren beginnen. Er wird quasi automatisch alles daran setzen, die jetzige Automatik zu retten. (Dies ist im Grunde eine tolle Einrichtung. Denn wozu soll denn eine Automatik gut sein, die beim ersten Problem unverzüglich ihren Dienst quittiert?!)

Wir spüren dieses »Sich-Wehren« zumeist als Gedanken ans Aufgeben. Die Automatik versucht uns ganz geschickt zu manipulieren und uns einzureden, »das Ganze hätte doch keinen Sinn« oder »dass das ja nie klappt«.

Immer wenn Sie also während des Programmierens den großen Frust erleben, wenn Sie aufgeben wollen, ist das ein gutes Zeichen. Es zeigt Ihnen, dass Sie fast am Ziel sind. Jetzt gilt es weiterzumachen, jetzt gilt es nachzulegen. Wenn Sie jetzt dran bleiben, haben Sie gewonnen, dann wird das alte Programm nicht mehr automatisch laufen. Dann werden Sie von einer neuen Automatik gesteuert, aber jetzt von einer, die Sie auch wirklich haben wollen.

Die Mohr-Methode

Wir haben die Mohr-Methode geteilt in verschiedene Stile: Yin und Yang. Yang ist die männliche Kraft und die Kraft der Klarheit und der Sonne, aber auch die, die so wunderbar logisch und verstandesgerecht ist. Yin ist dagegen die Kraft des Weiblichen, aber auch des eher nebulös Mondigen.

Ich (Bärbel) habe jahrelang die Meditationstechniken eines spirituellen Lehrers angewandt, der jedes Jahr mit neuen komplizierten, aber jeweils sehr präzisen Details aufwartete. Irgendwann ließ er uns wissen, dass es inzwischen 113 Techniken zur Aktivierung des körpereigenen Energiefeldes gäbe. 112 davon wären sehr präzise im Ablauf und immer gleich. Es wären alles Yang- oder auch männliche Techniken. Die 113. Technik wäre weiblich, Yin, und völlig chaotisch. Sie wäre jeden Tag anders und würde einfach dem Gefühl folgen, was für diesen Tag das Effektivste ist!

Wir (Clemens und Bärbel) möchten Ihnen mit der Mohr-Methode auch die Möglichkeit geben, ganzheitlich individuell zu programmieren. Und darum gibt es verschiedene Bausteine und einen Yang- und einen Yin-Weg dazu. Sie können eine persönliche Lieblingsfassung wählen und dabei für immer bleiben oder Sie basteln sich täglich etwas Neues zusammen, je nachdem, was sich gerade am lebendigsten anfühlt, oder Sie wählen einen Zwischenweg.

Sollte Ihnen einer die Frage stellen, was diese Mohr-Methode denn eigentlich genau ist, dann sagen Sie am besten:

179

»Die Königin aller Mentaltechniken, denn sie beinhaltet Yin und Yang gleichzeitig.« oder: »Eine Art mentales Baukastensystem!«

Schreiten wir zur ersten, der männlichen Methode, der

Yang-Technik

Suchen Sie sich ein Ziel, das Sie erreichen möchten, und machen Sie Ihren Plan wie folgt:

- Schreiben Sie sich zunächst dieses Ziel einmal auf, mit allen Details.

- Überlegen Sie sich hierfür ein ansprechendes Bild. Gestalten Sie also Ihren Zielfilm. Überlegen Sie sich genau, wie das Ergebnis aussehen soll – nicht der Weg. Formulieren Sie ein richtiges Drehbuch. (Die detaillierte Vorstellung des Endergebnisses ist auch deshalb wichtig, damit Sie tatsächlich merken, wenn Sie Ihr Ziel erreicht haben. Die einzelnen Punkte sind also auch »Zielerkennungskriterien«.)

- Reduzieren Sie anschließend den Film auf einen passenden Leitsatz. Formulieren Sie in knappen, prägnanten Worten Ihr Ziel.

- Reduzieren Sie nun diesen Leitsatz wiederum auf ein Symbol und verteilen Sie dieses an allen möglichen – und vielleicht auch unmöglichen Stellen.

- Suchen Sie sich einen Ort und eine Zeit, zu der Sie Ihre tägliche Meditation ausführen. Am besten, Sie binden die Meditation fest in Ihren Tagesablauf ein – wie das Essen oder das Zähneputzen.

180

Machen Sie nun bitte Folgendes:

- Setzen Sie sich zu Ihrer gewohnten Zeit an Ihren Meditationsort und entspannen Sie sich.

- Lassen Sie nun Ihren Zielfilm in allen Einzelheiten vor Ihrem geistigen Auge ablaufen. Wenn er sehr kurz sein sollte, können Sie ihn auch mehrmals wiederholen.

- Achten Sie darauf, den Film mit möglichst viel Gefühl zu erleben. Im Idealfall können Sie sogar während der Meditation ein leichtes Lächeln im Gesicht haben. Genießen Sie es einfach, Ihr Ziel – zumindest in Ihrer Vorstellung – bereits erreicht zu haben.

- Sprechen Sie nun, während Sie Ihren Film weiterhin sehen, innerlich Ihren Leitsatz. (Hierdurch wird eine enge Verknüpfung von Zielbild und Leitsatz erreicht.)

- Lassen Sie nun auch noch Ihr Symbol in Ihrem Film auftauchen. (Damit wird das Symbol fest mit dem Ziel verankert.)

- Lassen Sie nun die innere Stimme verklingen, lassen Sie langsam den Film und das Symbol verblassen, beenden Sie Ihre Programmierung.

- Atmen Sie wieder tief ein, bewegen Sie sich und öffnen Sie die Augen. Im Idealfall hält das gute Gefühl, das Sie in der Meditation erzeugt haben, noch lange (am besten bis zur nächsten Meditation) an.

Außerdem:
- Sprechen Sie so oft wie möglich im Laufe des Tages Ihren Leitsatz (laut oder innerlich)!

- Gestalten Sie Ihre Umgebung möglichst schon in Richtung auf Ihr neues Ziel! (Hängen Sie Bilder von Ihrem Ziel auf, räumen Sie die Wohnung um, besuchen Sie Gegenden, wo Sie Ihr Ziel sehen und erleben können.)

- Verteilen Sie überall in Ihrer Wohnung Ihr Symbol!

- Achten Sie auf Ihre Worte und Gedanken! Sie sollten immer in Richtung auf Ihr Ziel weisen!

- Umgeben Sie sich möglichst mit positiven Menschen, die Sie unterstützen.

- Machen Sie einen Aktionsplan: Sie kennen Ihr Ziel. Teilen Sie das große Ziel nun – wenn möglich – in Teilziele und gehen Sie die einzelnen Schritte hintereinander. (Wenn Sie zum Beispiel ins Ausland auswandern wollen, ist es vielleicht notwendig, zunächst die Sprache zu erlernen. Damit können Sie bereits heute beginnen.)
  Wichtig: In der Meditation aber immer nur das Endziel sehen!

- Übernehmen Sie die Verantwortung für das Erreichen Ihres Zieles. Fragen Sie sich immer:
  »Bringt das, was ich gerade tue, mich meinem Ziel näher?«
  Wenn nein, lassen Sie es einfach bleiben, wenn ja, fahren Sie fort damit!

- Und die Krönung (für Fortgeschrittene):
  Fragen Sie sich immer:
  »Wenn ich sicher wäre, dass ich mein Ziel erreiche, was würde ich dann tun? Wie würde ich mich verhalten? Wie würde ich handeln? Heute?! Jetzt?!«

Und dann tun Sie es tatsächlich!

Zum Thema Glauben

Alles, was wir hier besprochen haben, ist nicht ein neuartiges Programm oder eine Technik, die Sie jetzt anwenden können oder die Sie eben bleiben lassen.

Seit Sie auf der Welt sind (und das beginnt ja sogar schon im Mutterleib), programmieren Sie sich durch die Art Ihrer Gedanken, durch Ihre Wahrnehmungen, durch Ihr Sprechen und Ihr Tun. Nur meistens unbewusst, ohne dass Sie sich darüber im Klaren sind. Es geht hier lediglich darum, diese Programmabläufe zu kennen, zu verstehen und sie fortan bewusst und gezielt einzusetzen.

Es wird beim Thema mentale Umprogrammierung immer wieder der Glaube erwähnt. Und auch alle Religionen dieser Welt bauen auf den Glauben. Dass der Glaube Berge versetzt, davon erzählt uns auch die Bibel. (In diesem alten Buch werden übrigens alle hier erwähnten geistigen Gesetze in hervorragender Form – allerdings meist verschlüsselt – ebenfalls gelehrt.)

In unserer Thematik heißt Glaube die innere Gewissheit, dass das, was ich mir als Ziel vornehme, auch tatsächlich eintreten wird. Das bedeutet eine klare Übereinstimmung meines logischen, rationalen Denkens, also meines Bewusstseins, mit meinen unterbewussten Prägungen. Die Inhalte von Bewusstsein und Unterbewusstsein sind in diesem Fall identisch.

Da diese Identität aber – wie wir gesehen haben – hervorgerufen wird durch häufige Wiederholung und/oder starke gefühlsmäßige Beteiligung, können wir bestimmte Dinge gar nicht glauben, sofern sie nicht bereits im Unterbewusstsein verankert wurden.

Wenn wir also neue Ziele erkennen, wenn wir eine vollkommen neue Richtung in unserem Leben einschlagen wollen, dann können wir dies zunächst noch gar nicht glauben. Wenn ich als Kind gelernt habe, dass ich »nie zu etwas kommen« werde, und wenn ich durch diese Prägung auch schon mehrfach die Erfahrung verursacht habe, dass dies tatsächlich so ist, so werde ich natürlich erstmal nicht glauben können, dass ich doch einmal etwas Tolles erreichen kann.

Der Glaube kann erst dann wachsen, wenn wir die neuen Inhalte verinnerlicht haben.

Wichtig für diese Arbeit ist also weniger der Glaube an das Erreichen Ihres Zieles als die Disziplin, die Neuprägung des Unterbewusstseins wirklich in der beschriebenen Form durchzuführen.

Und wenn Sie dies getan haben, werden Sie es glauben. Spätestens dann, wenn Sie die Ergebnisse im Außen feststellen können.

Das Einzige, was Sie zum Thema Glaube vielleicht beeinflussen könnte, wäre die Möglichkeit, dass Sie das, was wir hier geschrieben haben, nicht glauben. Wenn Sie der Überzeugung sind, dass sich das Ganze recht nett anhört, vielleicht sogar bei dem einen oder anderen zutrifft, aber für Sie mit Sicherheit nicht, dann werden Sie es natürlich erst gar nicht versuchen. Wozu auch? Es wird ja – Ihrer Meinung nach – eh nicht funktionieren.

Tun Sie aber bitte sich selbst den Gefallen und probieren Sie es doch einfach aus. Zunächst mit kleinen Dingen. Und wenn Sie dann ganz erstaunt feststellen, dass es tatsächlich funktioniert, dann werden Sie auch glauben, dass Sie alles andere ebenfalls erreichen können.

Und ich (Clemens) weiß, dass Sie wirklich alles erreichen können. Ich weiß, wenn etwas in Ihrem Unterbewusstsein verankert ist, werden Sie es glauben. Und wenn Sie es glauben, werden Sie es erreichen.

Yin-Technik

Vorüberlegungen zur Mohr-Methode mit Spieltriebfaktor

Keiner von uns beiden (Clemens und Bärbel) ist Mitglied einer Kirche oder Religion. Dennoch zitieren wir schon wieder die Bibel. Würden wir in einer überwiegend buddhistischen Gegend leben, ließen sich die gleichen Inhalte in leicht veränderter Formulierung aber genauso aus den dortigen Lehren zitieren. Das

Schöne daran ist, zu sehen, wie alles Wissen eigentlich schon immer überall vorhanden war und nur jeweils in jeder neuen Kultur und Generation zeitgemäß angepasst wird.

Schon in der Bibel stand also zu lesen, dass es erstrebenswert sei, wieder wie die Kinder zu werden. Wer dieses Buch bis hierher aufmerksam gelesen hat, kann sich sicher auch vorstellen, wieso.

Sind nicht die Kinder überwiegend im Alpha-Zustand, jenem erstrebenswerten Zustand, in dem das Unterbewusste Neuprogrammierungen gegenüber besonders aufgeschlossen ist und sie so schnell annimmt?

Unsereiner, als Erwachsener, muss sich erst die Zeit für eine zugegeben sicherlich auch genüssliche Meditation nehmen oder die Zeit morgens nach dem Aufwachen nutzen, um vom Alpha-Zustand profitieren zu können.

Oder aber, und auch das wirkt, wir werden wieder wie die Kinder: spielerischer, weniger ernst, fröhlicher und leichter stattdessen, vergnügter, liebevoller, offener, vertrauensvoller. Und auch das bringt uns sofort näher an den Alpha-Zustand, weil wir uns beim kindlich vergnügten und freudig in uns selbst versunkenen Spiel automatisch ganz stark entspannen. Entspannung aber erzeugt sofort den Alpha-Zustand.

Sie tun damit nichts Albernes, sondern etwas wissenschaftlich betrachtet absolut Sinnvolles, wenn Sie sich einen persönlichen Spieltriebfaktor mit einbauen in Ihre Programmierungstechnik fürs Unterbewusste.

Aber bitte achtsam sich selbst gegenüber sein: Wenn Sie – noch – keine Freude daran haben, sondern sich dabei albern vorkommen, dann benutzen Sie bitte eine der klassischen Einzel-Methoden oder die Mohr-Methode im Yang-Stil.

Wenn Sie das Gefühl haben, fröhlicher und entspannter zu werden, wenn Sie die Mohr-Methode Yin-Stil oder eine Methode mit selbst erfundenem Spieltriebfaktor verwenden, dann liegen Sie hier richtig.

Nehmen Sie aber in jedem Fall sich selbst ernst und fangen Sie da an, wo Sie jetzt innerlich in diesem Moment wirklich stehen in Ihrem Verhältnis zu Mentalkräften aller Art! Ja?! Lieb sein zu sich selbst sollen Sie! Denken Sie an die Wirkungen von hohem oder niedrigem Selbstwertgefühl. Gehen Sie, wenn nötig, gleich wieder zu diesem Kapitel mit den entsprechenden Übungen zurück, bevor Sie entscheiden, wie Sie weiter programmieren.

Gelegentlich nötige Vorübung –
Kompostieren oder in den Osterhasenschrank stecken:
Normalerweise ist es sinnvoller, seine Aufmerksamkeit auf das zu lenken, was man haben möchte und damit das Alte einfach zu überschreiben, anstatt das Alte, das man loswerden will, mit neuer Aufmerksamkeit zu füttern.

Verdrängen hilft aber auf keinen Fall. Und immer, wenn Sie das Gefühl haben, ein altes Muster möchte noch einmal angeschaut werden und lässt sich vorher nicht überschreiben, können Sie diesen Teil der Mohr-Methode Yin-Stil als Vorübung anwenden.

Ihre klare Absicht, während Sie entspannt sind, ist alles, was Sie dazu brauchen. Entspannung ist gleich Alpha-Zustand und erhöht die Wirkung, wie Sie längst wissen.

Sie können daher zunächst kurz die zuvor schon beschriebene Meditation zur Entspannung machen. Oder irgendeine andere. Hauptsache, Sie entspannen dabei.

Nun brauchen Sie nur noch Ihre klare Absicht, um ein aufgetauchtes altes Gedankenmuster entweder zu kompostieren oder in den Osterhasenschrank zu stecken.

Dazu ein kleiner Exkurs zur Wirkung von klaren Absichten: Ein mir (Bärbel) bekannter Heiler erzählte mir neulich, er sei nach Hongkong geflogen und habe dort Akupunktur erlernen wollen. Der Spezialist, bei dem er landete, erzählte ihm allerdings, er sei zu spät dran. Das verstand der Heiler zunächst nicht, bis der chinesische Naturheilarzt ihm erklärte, dass man davon abgekommen sei den Patienten mit Nadeln zu stechen. Inzwischen wäre man draufgekommen, dass es nicht die Nadel, sondern die

Absicht des Heilers sei, die den Prozess auslöse. Inzwischen ließe man daher die Nadeln dekorativ überall rumliegen, um Eindruck beim Patienten zu schinden, aber die Behandlung fände nur noch durch leichte Berührung, Entspannung des Patienten und die bloße Absicht der Aktivierung des entsprechenden Punktes auf der Meridianbahn statt (Meridiane sind Energiebahnen durch den Körper, Grundannahme der Traditionellen Chinesischen Medizin).

Ebenso wenig brauchen daher Sie sich mit Nadeln zu foltern oder sich fürchterlich anzustrengen, um Ihre alten Glaubenssätze abzulegen. Wenn Sie eine klare Absicht haben und dazu ein inneres Bild im entspannten Zustand, das Ihnen Spaß macht, wird das Unterbewusste dies von Ihnen annehmen und brav so abspeichern.

Sobald Ihnen also ein Gedankenmuster an Ihnen auffällt, das Ihren neuen Zielen nicht zuträglich ist und das sich positiven Überschreibungsversuchen gegenüber resistent zeigt, weil es noch einmal angesehen werden will, haben Sie nach der Mohr-Methode Yin-Stil zwei Möglichkeiten: Sie können dieses Muster kompostieren oder in den Osterhasenschrank stecken.

Der Osterhasenschrank

Ganz einfach: Sie haben wahrscheinlich irgendwann einmal an den Osterhasen geglaubt, oder? Auch das war ein Gedankenmuster. Sie erinnern sich gerne daran, aber es hat keinerlei Wirksamkeit mehr in Ihrem System. Das Muster ist quasi noch archiviert, aber ausgeschaltet.

Wenn Sie sich daher alter Glaubenssätze bewusst werden, die Sie nicht mehr haben möchten, können Sie diese gedanklich ebenfalls einfach ausschalten und im Osterhasenschrank archivieren.

Sie können sogar so weit gehen in der nächsten Osterhasensaison in einen Spielwarenladen zu schleichen (ungesehen und mit Hut und Mantel getarnt versteht sich) und sich dort eine hübsche Schachtel und einen Osterhasenaufkleber besorgen. Dann schreiben Sie alle Gedankenmuster, die Sie ausgeschaltet haben wollen, auf ein Kärtchen oder einen Zettel und archivieren sie in Ihrem ganz persönlichen Osterhasenschrank.

Kompostieren
Wenn Ihnen der Osterhasenschrank nicht so zusagt, hier ein zweites Angebot:
Legen Sie gedanklich alte überholte oder Ihren Zielen nicht zuträgliche Muster in den Kompostierer oder auf einen einfachen Komposthaufen. Das hat zwei Vorteile: Die Muster sind erstens ihrer Gefährlichkeit damit sofort beraubt und zweitens bekommen sie sogar noch einen neuen Nutzen, weil sie wieder in ihre Grundbestandteile und zu Dünger zerfallen.

»What you fear is what you get«, ist ein Sprichwort aus dem englischsprachigen Raum. Das, wovor man sich fürchtet, daran klebt man am meisten. Das Befürchtete ist nämlich ein stark emotionsgeladener Gedanke und hat damit Kraft. Wenn ich mir vorstelle, ich kann den unerwünschten Automatismus einfach in den Kompostierer tun, Deckel drauf und er verrottet und zerfällt zu Dünger, dann ist ganz schnell die Emotion Angst draußen.
Sie können sich auch hierzu ein schönes Kistchen bauen und es grün oder braun bekleben (vielleicht so, wie der Kompostierer in Ihrem Garten aussieht, falls Sie einen haben) und die zu kompostierenden Sätze dort hineinlegen.
Immer wenn einer von den unerwünschten Sätzen hochkommt, können Sie wieder zuschlagen mit der geistigen Fliegenklatsche und die lautet in diesem Fall: »Ach, das ist doch eins von den Mustern, die gerade im Kompostierer vor sich hinmodern... Ja, ja, moder du mal schön weiter!« Mit dieser Fliegenklatsche ist in der Sekunde jede Angstenergie aus dem Muster draußen. Es hat keine Macht mehr über Sie. Wie soll es auch, wenn es gerade schon zu faulen anfängt und wieder zu Humus zerfällt.
Wenn das Muster fertig kompostiert ist, merken Sie das daran, dass Sie nichts mehr merken ☺.

Es taucht nie wieder auf und ist aus Ihrer Erinnerung nahezu gelöscht. Es fällt Ihnen höchstens unter Hypnose noch einmal ein, aber ansonsten ist es komplett aufgelöst.

Dieter M. Hörner, einer der Trainer meiner Bärbel-Mohr-Akademie (sowie natürlich auch Clemens) hat noch eine tolle Zusatzmethode auf Lager. Er formuliert den alten Glaubenssatz in einen ganz ähnlichen um und affirmiert, wie zuvor beschrieben, die neue Variante. Das Unterbewusste denkt dann, es hätte jahrelang einen Fehler gemacht und sich einfach nur den falschen Satz gemerkt.

Beispiele:
Aus
»Ich bringe es nie zu was«,
wird
»Ich bringe es immer zu was.«

Wenn
»Bescheidenheit ist eine Zier« Sie daran hindert, auch mal ins Rampenlicht zu treten und mehr aus sich zu machen, nehmen Sie doch als neuen Leitsatz:
»Selbstliebe ohne Hochmut ist eine Zier!«, denn das ist sowieso viel eher das, was der Satz wohl ursprünglich sagen will.

Aus
»Kein Schwein ruft mich an«,
wird
»Schweine rufen mich zum Glück keine an, aber lauter nette Menschen rufen mich an und ich sie!«

Und so weiter. Jeder dieser Sätze lässt sich mit ein bisschen Phantasie inhaltlich umdrehen.

Überlegungen zur Neuprogrammierung mit Spieltriebfaktor

Das Alte können wir also, falls es uns nötig erscheint, kompostieren oder in den Osterhasenschrank stecken.

Nun gilt es für das Neue einen guten Boden zu bestellen, damit der Same des Neuen schleunigst wächst und gedeiht.

Dazu möchte ich (Bärbel) Ihnen die Geschichte des neuseeländischen spirituellen Lehrers Clif Sanderson erzählen. Er war fünf Jahre lang in Kinderkrankenhäusern in Tschernobyl tätig. Dort behandelte er die Kinder mit der von ihm entwickelten Deep Field Relaxation (DFR, zu Deutsch: tiefe Feld-Entspannung). Das russische Gesundheitsministerium zeichnete ihn dafür mit dem Gulperin Preis für Leistungen im Dienste der medizinischen Wissenschaft aus.

Als Clif im ersten Kinderkrankenhaus ankam, starben dort 12 bis 15 Kinder pro Woche an den Folgen des Reaktorunfalls in Tschernobyl. Nach nur einer Woche Behandlung von seiner Seite ging die Zahl der Todesfälle bei den Kindern auf 3 pro Woche zurück!

Zudem hat er selbst nie den allerkleinsten Schaden oder auch nur die geringste Verstrahlung davongetragen, obwohl er ganze fünf Jahre lang in der Region lebte und das verseuchte Essen dort zu sich nahm.

Wie hat er das gemacht? Fragen wir ihn doch einfach. Clif Sanderson über DFR: »Das Feld, mit dem ich mich verbinde, ist das Feld der Schöpfung, das Feld der gesamten Existenz, und es ist auch das Feld, in dem alle Informationen des Kosmos und aller Zeiten enthalten sind. Es ist das Einzige, was wirklich real ist im gesamten Kosmos. Materie ist eine Illusion, wie selbst die moderne Physik mittlerweile einsieht. Wir alle leben in einer Art Informationssuppe und wir sind ein Teil von ihr.

Um das zu verstehen, müssen wir auch unser Ego beleuchten. Das

Ego tendiert dazu, Widerstand gegen das Leben zu leisten und ständig ›nein‹ zu sagen zu dem, was ist. Zudem möchte es alles immer ganz genau wissen.

Aber nehmen wir an, du würdest an irgendeiner chronischen Krankheit leiden und würdest Heiler und Ärzte konsultieren, weil du dir hundertprozentig sicher sein möchtest, was die Ursache deiner Erkrankung ist. Dann könnte es leicht sein, dass ein Arzt dir sagt, der Grund für deine Krankheit ist Übersäuerung. Ein anderer würde vielleicht sagen, das können nur Parasiten sein, während der nächste einen Virus diagnostiziert. Wieder ein anderer würde womöglich darauf bestehen, dass es unverarbeitete Kindheitserlebnisse sind, die sich da auf der Körperebene niederschlagen. Ebenfalls völlig niedergeschlagen schleichst du in die nächste Praxis und dort ist man überzeugt, dass dein Darm und deine Verdauung das eigentliche Problem sind.

Wer hat nun Recht? Vielleicht haben sie alle ein bisschen Recht, aber was ist denn nun der ultimativ oberste und erste Auslöser für deine Krankheit? Wo sollst du ansetzen? Die Wahrheit ist die: Keiner von uns weiß es. Kein Ego weiß es und wird es vermutlich je wissen. Das kosmische Feld der All-Einheit hingegen weiß es. Es enthält alles, also weiß es. Und es ist außerdem der beste Ansprechpartner für höchste Transformationskraft und vollkommene Heilung.

Was also können wir tun? Wir lehren das Ego, nicht ständig Widerstand gegen den Fluss des Lebens zu leisten und ›ja‹ zum Leben anstelle von ›nein‹ zu sagen.

Damit entspannt sich unser Ego und wir können tiefer und tiefer mit unserem ganzen Sein entspannen. So tief, dass wir schließlich wieder verbunden sind mit dem Feld der Schöpfung und darauf vertrauen können, dass es am besten weiß, was zu tun ist.

Die ganze Natur tendiert zur Harmonie, wie bereits Einstein wusste. DFR vertraut einfach dieser natürlichen Tendenz der Natur.«

Wenn wir uns die Forschungsergebnisse ansehen, über die wir in diesem Buch bereits gesprochen haben, dann gibt es hier einige Ähnlichkeiten, auch wenn die Perspektive ein wenig anders ist:

In Entspannung erreichen wir den Alpha-Zustand unserer Gehirnwellen. Jede Absicht, die wir im Alpha-Zustand formulieren, erreicht das Unterbewusstsein und setzt sich dort nieder.

All unsere »Unterbewusstseine« sind wiederum verbunden in einem großen Ganzen, was wir »das Feld der Schöpfung«, »gemeinsames Unterbewusstes« oder wie auch immer nennen.

Wenn viele Ängste in unser Unterbewusstes sinken, werden sie zu unserer Wahrheit und haben Auswirkungen auf unser Leben. Was wir beständig befürchten, ziehen wir wie magisch an.

Wollen wir daher persönliche und globale Katastrophen verhindern oder reduzieren, dann ist es sicherlich sinnvoll, freudvolles Vertrauen ins Unterbewusste sinken und dort wachsen zu lassen!

Wenn Sie außerdem bei Ihrer Programmierung über Ihr individuelles Unterbewusstes hinausgehen und Ihre Ziele bewusst im gemeinsamen Feld der Ganzheit platzieren, so entsteht der größtmögliche Verwirklichungssog. Das lässt sich dann fast nicht mehr verhindern.

»Aber«, werden Sie jetzt fragen, »wenn alles sowieso immer miteinander verbunden ist, landet dann nicht sowieso jede Programmierung automatisch auch in der Ganzheit?« Sie haben Recht, gut aufgepasst. Der Unterschied besteht eher darin, dass sich unsere bewusste Kommunikation mit dem Kosmos intensiviert, wenn wir ganz bewusst mit unserem Geist dorthin wandern. Es ist im Leben sowieso nie die Frage, ob der Kosmos uns hört, sondern ob wir den Kosmos hören. Und indem wir unsere Aufmerksamkeit darauf lenken, dass wir verbunden sind mit diesem übergeordneten Feld, nehmen wir es deutlicher wahr. Die Energie folgt der Aufmerksamkeit. Das ist wie beim Autogenen Training. Sie bekommen die Wärmeenergie auch dadurch in die rechte Hand (beispielsweise), indem Sie gezielt Ihre Aufmerksamkeit dorthin lenken.

Wenn Sie stets so leben und denken, als gäbe es keine Verbindung zwischen Ihnen und dem Kosmos, dann werden Sie einfach nur nicht hören, was der Kosmos Ihnen erzählt.

Betrachten Sie es daher als eine Art Boden, den Sie bestellen, wenn Sie die Möglichkeit der Mithilfe des Kosmos gedanklich mit einbeziehen.

Eine ständig wachsende Zahl von »Verrückten« da draußen nennt es »Bestellungen beim Universum«, wenn man sich bewusst vom Kosmos beraten lässt, aber das darf Ihnen ruhig zu albern oder zu schräg sein. Dafür gibt es schließlich die Mohr-Methode.

Der natürliche Zustand des Menschen

Vielleicht haben Sie es schon gemerkt, der natürliche Zustand des Menschen ist Gesundheit und selbstverwirklichtes Glücklichsein in allen Lebensbereichen.

Wie sonst wäre es zu erklären, dass alle unharmonischen Gefühle sofort verschwinden, wenn wir den ganzen Körper mit allen Muskeln entspannen? Die Natur des Menschen ist Glücklichsein.

Bei der Mohr-Methode Yin-Stil gibt es deshalb eine Haupt-Affirmation und sie lautet:

»Meine Natur ist Glücklichsein.«

Dazu gehören Gesundheit, Berufung, positive Beziehungen, Fülle und Freude an der Entwicklung.

Sie können sich diesen Satz (mit oder ohne Erläuterung was dazugehört) besonders schön aufmalen, beispielsweise mit Goldfarbe auf ausgesucht schönem Papier, wie auch immer es Ihnen am besten gefällt, oder sogar ein ganzes Gemälde drum herum gestalten oder gestalten lassen. Hängen Sie das Bild in Ihrem

Schlafzimmer auf, so dass Sie es beim Schlafengehen und Aufstehen immer sehen (eben wegen Alpha kurz vor und nach dem Schlafen, Sie wissen schon).

Auch damit bereiten Sie den Boden für das Aufgehen Ihres Samens.

Da sich ohne Liebe und Dankbarkeit im gesamten Universum nichts wirklich Großes bewegt, sollten Sie das Kapitel mit der Selbstliebe ernst nehmen und sich ein oder zwei Übungen davon aussuchen für die Bereitung Ihres fruchtbaren Bodens.

Und der letzte Teil ist ganz einfach der, sich mit dem Feld des Ganzen zu verbinden und Ihr neues Ziel dort einzugravieren.

Und wie sollen wir das machen?

Die erste gute Nachricht ist die, dass auch hier die einfache Absicht genügt. Wenn Sie sich während Ihrer Entspannungsmeditation einfach vorstellen, dass Ihr Geist hinausschießt ins All und sich dort mit einem die ganze Erde umspannenden Netz aus Energie verbinden, dann können Sie Ihre Zielprogrammierung dort quasi einfach abgeben und ins Ganze einfließen lassen.

Oder Sie stellen sich vor, Ihr Herz würde sich mit dem Herzen des Kosmos verbinden (dazu braucht der Kosmos kein physisches Herz, es genügt ein energetisches) und es würde ihm den Auftrag von Herz zu Herz übergeben.

Damit haben Sie intensiv ins kollektive Unterbewusste programmiert und nicht nur in Ihr individuelles. Da aber das individuelle Unterbewusste der weit kleinere Teil ist, wird es automatisch das machen, was Sie sozusagen seinem Chef, dem kollektiven Unterbewussten, über ihm mitgeteilt haben.

Der Japaner Dr. Shioya ist mit einer ganz ähnlichen Methode, die auch damit arbeitet Ziele ins universelle Ganze einzugeben, mittlerweile über hundert Jahre alt geworden bei bester Gesundheit und er gewinnt immer noch Golfturniere für Senioren. Und das, obwohl er mit schwächlicher Gesundheit geboren wurde. Seine Frau, die natürlich dieselbe Technik anwendet, ist 96 Jahre alt und genauso fit.

Die zweite gute Nachricht ist die, dass Sie dies nicht ewig wiederholen müssen. Die All-Einheit hat gute Ohren und ein gutes Gedächtnis. Machen Sie es daher einfach wie Gott in der Bibel: Senden Sie Ihr Ziel sechs Tage lang ins große Ganze und machen Sie den siebten Tag zu Ihrem persönlichen Sonntag. Feiern Sie. Tun Sie sich etwas ganz außergewöhnlich Gutes.

Je größer das eingesandte Ziel, desto besser sollte das Wohltue-Programm vom siebten Tag sein. Gehen Sie zur Duft-und-Klang-Öl-und-Supergenuss-Massage, in die Oper mit Ihrem besten Freund oder was immer Ihnen wirklich gut tut, wobei Sie außerordentlich entspannen.

Und danach? Den Boden gießen, indem Sie sich der Selbstliebe im täglichen Alltag widmen. Holen Sie das Beste und die höchstmögliche Qualität aus Ihrem gegenwärtigen Alltag. Erzählen Sie mir nicht, er sei schlecht. Denken Sie an die Slums von Baltimore und an Bangladesh und was die Leute dort alles aus Ihrem Leben machen, wenn sie nur wollen und die Liebe integrieren.

Der Rest kommt von allein – auf meist ungewöhnlichen Wegen. Aber nur, wenn Sie sich dran halten den Boden zu gießen (= Selbstliebe und das Beste aus dem jetzigen Alltag machen).

Ich sprach von guten Nachrichten. Gibt es auch schlechte? Naja, halb schlechte. Die erste schlechte Nachricht ist, dass Sie keine schlechten Ziele in das Netzwerk des gemeinsamen Unterbewussten (das wir hier auch als All-Einheit oder das große Ganze begreifen) einprogrammieren können. Das heißt, Sie können schon. Aber bei der Watschn, die dann zurückkommt, halten Sie sich besser jetzt schon mal die Eisbeutel bereit.

Sie erinnern sich: Die Natur des Menschen ist Glücklichsein! Und da wollen Sie daherkommen und Unglück programmieren. Vergessen Sie es. Unglück kann man nur fabrizieren, wenn man sich von der All-Einheit möglichst weit abwendet, nicht wenn man sich ihr zuwendet. Sie können auch nicht mehr Dunkelheit in einen Raum bekommen, indem Sie mehr Licht dort anmachen.

Wenn Sie ganz sicher gehen wollen, dass Ihre Ziele zu Ihrer Natur des Glücklichseins und zu der aller Beteiligten passen und nicht womöglich zu Staub zerfallen, weil sie zu düster waren, dann programmieren Sie doch einfach mit: »...so, dass es zum Wohle aller ist!«

Wie die All-Einheit das dann managt braucht wieder nicht Ihre Sorge zu sein. So viel Kreativität bringt ein Einzelmensch nicht auf wie das große Ganze, in dem alles Wissen aller Zeiten gleichzeitig enthalten ist.

Die zweite ein bisschen schlechte Nachricht ist die, dass die Methode zwar kraftvoll, toll und erwiesenermaßen wirkungsvoll ist (über den 101-jährigen Dr. Shioya und seine Methode können Sie alles in dem Buch: *»Der Jungbrunnen des Dr. Shioya«* nachlesen). Aber, und das ist der Haken, wenn man es erst einmal weiß: Sie funktioniert noch um ein Vielfaches besser, wenn zwei oder mehr Menschen gleichzeitig sie ausführen und untereinander für die anderen mitprogrammieren im universellen Geist des Gesamtunterbewussten. Sie müssen dazu noch nicht einmal wissen, *was* der andere sich für ein Ziel gesetzt hat. Es reicht, wenn der andere sich ein Codewort oder eine Codezahl für sein Ziel ausdenkt und Ihnen diese sagt.

Das heißt auf gut Deutsch aber, Sie brauchen Gleichgesinnte, wenn Sie es ausprobieren wollen. Um die zu finden müssten Sie erst einmal zugeben, dass Sie so einen »Quatsch« für erwägenswert halten. Oh je, oh je.

Ich schlage Ihnen etwas vor, wenn Sie am Programmieren zu zweit wirkliches Interesse haben. Nehmen Sie sich doch als eins Ihrer Ziele zunächst einmal vor, den perfekten Partner für die gemeinsame Programmierung zu finden.

Und wenn so jemand auftaucht, dann wissen Sie zumindest bereits, dass die Methode funktioniert, und nun können Sie zu zweit so richtig loslegen und sich gegenseitig unterstützen. Sechs Tage lang. Vergessen Sie das nicht. Wobei Sie nicht am selben Ort sein müssen. Es reicht, wenn Sie sich jeweils kurz vorher telefonisch verständigen, was Sie füreinander programmieren dürfen und dann möglichst zur gleichen Zeit meditieren (die eigenen Wünsche dürfen dabei durchaus zuerst kommen, Ihr Unterbewusstes freut sich, wenn Sie sich selbst in den Vordergrund stellen, der andere darf das ruhig genauso).

Schöner ist es natürlich, wenn man am gleichen Ort wohnt, weil man dann den siebten Tag, den persönlichen Programmiersonntag, der auch ein Samstag oder ein Montag oder sonst ein beliebiger Wochentag sein kann, miteinander teilen kann.

Bei meinen (Bärbel) »Bestell«-Vorträgen nutzen wir diesen Effekt immer aus, indem alle für alle programmieren bzw. bestellen. Das geht dann halt nicht ganz so individuell und man weiß nie, was man da für die anderen »mitordert« (außer dass man dranhängen kann: zum Wohle aller), aber vielfach wird von weitaus schnelleren Ergebnissen berichtet, als wenn man alleine programmiert, kodiert, bestellt, manifestiert oder was auch immer.

Noch Fragen? Fragen Sie ruhig, für die skeptischen Mitmenschen wurde dieses Buch schließlich geschrieben. Ihnen ist nicht einsichtig, wieso es zu zweit oder zu mehreren besser funktionieren sollte als allein? Gut, dass Sie fragen.

Hierzu gibt es ein interessantes Experiment mit Affen. Man hat einen Affen einsam und allein in den Käfig gesetzt und ihn dann mit plötzlichen, lauten Geräuschen und Lichteffekten erschreckt oder gar noch den Käfig wackeln lassen. Das Tier reagierte, wer mag es ihm verdenken, völlig panisch.

Sobald man aber zwei Affen zusammen in den Käfig setzt und sie genauso unangenehm überrascht, reagieren diese zwar auch sehr erschreckt, aber lange nicht so wie ein einzelner Affe.

Setzt man nun eine ganze Gruppe von Affen zusammen in den

Käfig, sagen wir fünf Stück, und erschreckt diese fünf, dann zeigen sie statt Panik oder großer Beunruhigung nur noch ein schwaches Interesse an den Ereignissen.

Für Menschen gilt das Gleiche. Wir sind soziale Wesen, und wenn wir zu zweien oder noch mehreren sind, sind wir automatisch in der Lage tiefer zu entspannen (d.h. wir können in den Alpha-Zustand geraten). Wir fühlen uns in der Geborgenheit der Anwesenheit von anderen außerdem stärker und sind nicht so leicht durch irgendetwas zu erschrecken oder zu erschüttern.
Jeder, der schon sowohl allein wie auch in einer Gruppe meditiert hat, weiß, dass man in der Gruppe meist viel schneller, leichter und tiefer entspannt. Im Englischen gibt es dazu sogar ein Sprichwort. Es heißt übersetzt: »Du kannst dich nicht selbst vom Boden hochheben.« Das soll heißen, man muss sich gegenseitig unterstützen. Und anders als im rein physischen Leben kann man sich auf der Schwingungsebene durchaus gegenseitig und gleichzeitig »vom Boden hochheben«, so dass hinterher alle Beteiligten in einer höheren Frequenz schwingen als zuvor.

Auch vom Placebo-Effekt (Scheinmedikament) ist bekannt, dass ein Scheinmedikament weitaus besser wirkt, wenn der Arzt denkt, er verabreiche das richtige Mittel, als wenn er weiß, dass es ein Placebo ist. Seine Erwartungshaltung wirkt also auf den Patienten. Genauso können wir für den anderen ein positives Erwartungsfeld miterschaffen und so die Wirkung vertiefen.

Bevor Sie sich nun für Mohr-Yang oder Mohr-Yin entscheiden, sollten Sie kurz in sich hineinspüren, mit welcher Vorstellung Sie sich jetzt im Moment wohler fühlen.

Klar und real ist, dass wir unser Leben durch unbewusste Automatismen steuern. Klar und unbestritten ist auch, dass Kinder am leichtesten Gedankenmuster aufnehmen, weil sie sich noch meist im Alpha-Zustand befinden. Unbestritten ist daher auch, dass Entspannung ein wesentlicher Faktor beim Umprogrammieren ist. Ob Sie diese aber durch reine Meditation, Autogenes Training oder die Wiederentdeckung Ihrer kindlichen Seite und viel Lachen erreichen oder ob Sie sich einfach nur vor dem Einschlafen und nach dem Aufwachen programmieren, wenn Sie sowieso noch nahe am Alphazustand sind, bleibt Ihnen überlassen.

Die Mohr-Methode im Yin-Stil mit Spieltriebfaktor im Überblick

- Entspannen Sie sich so, wie es für Sie am besten passt.

- Stecken Sie zähe alte Gedankenmuster in den Osterhasenschrank oder kompostieren Sie sie im Kompostierer. Stellen Sie sich möglichst plastisch vor, wie das Muster anfängt zu verfaulen und schließlich in seine Bestandteile zerfällt.
  Obendrein können Sie sich, wenn Sie wollen, den alten Glaubenssatz umformulieren in einen ganz ähnlich klingenden, aber mit einer völlig neuen und positiven Aussage. Diesen schreiben Sie am besten auf und nutzen ihn als neue Affirmation.

- Bereiten Sie den Boden für den Samen der neuen Gedankenmuster:
  Machen Sie aus dem Satz »Die Natur des Menschen ist Glücklichsein« ein Kunstwerk und hängen Sie es so in Ihrem Schlafzimmer auf, dass Sie es beim Aufwachen gleich sehen.
  Wenn Ihr Unterbewusstes diesen Satz wirklich verinnerlicht hat, wird es sich bei jeder Entspannung automatisch mehr in diese Richtung bewegen, ohne dass Sie noch groß über Einzelziele nachdenken müssen!

- Boden vorbereiten Teil 2: Da sich ohne Liebe und Dankbarkeit im gesamten Universum nichts wirklich Großes bewegt, sollten Sie das Kapitel mit der Selbstliebe ernst nehmen und sich ein oder zwei Übungen davon aussuchen für die Bereitung Ihres fruchtbaren Bodens.

- Ins große Ganze, also ins gemeinsame Unterbewusste programmieren:
Entspannen Sie sich und stellen Sie sich vor, Sie würden mit Ihrem Geist hinaus ins All fliegen, bis zu einem Netz aus Energie, das die ganze Erde umspannt und alles Wissen über alle Vorgänge auf der Erde enthält. Oder senden Sie Ihre Wünsche aus Ihrem Herzen ins energetische Herz des Kosmos. Lassen Sie Ihr Zielbild in dieses Energienetz sinken mit den abschließenden Worten: »...so, dass es dem Wohle aller dient«.

- Machen Sie das sechs Tage lang und feiern Sie am siebten Tag Ihren persönlichen Programmierungssonntag, indem Sie sich etwas besonders Gutes und Entspannendes gönnen an diesem Tag.

- Wenn Sie jemand Passendes finden, können Sie diese Übung auch zu zweit oder zu mehreren durchführen. Legen Sie einfach bei der Reise die Zielprogrammierungen beider Partner im Geiste dort oben im gemeinsamen Unterbewusstsein ab. Stellen Sie sich vor, dass es ganz leicht sein wird, dass der andere das Gewünschte erreicht.

- Gießen Sie Ihren neuen Zielsamen, indem Sie aus Ihrem gegenwärtigen Alltag die höchstmögliche Qualität herausholen. Mit Selbstliebe und Dankbarkeit und bewusstem Erleben des Augenblicks geht dies am besten.

Qualität programmieren

Jetzt sind wir also ausgestattet mit den turbogenialen Programmiertechniken. »Was nehmen wir denn da als Erstes?«, fragt sich der eine oder andere schon freudig erregt. Und viele programmieren erst einmal Beruf, Karriere und Geld.

Oder schon etwas weiser: Berufung statt Beruf, das bedeutet Erfüllung im Tun – und Karriere nur, wenn sie sich von alleine daraus ergibt – und das Ganze bei angenehmer finanzieller Fülle.

O.k., soweit ist das geklärt für die erste Runde. Aber da ja, bei Mohr-Yin zumindest, das Programmieren immer nur sieben Tage dauert, könnten Sie im nächsten Monat ein neues Thema angehen. Was darf es denn dieses Mal sein?

Gerne möchten wir an das Kapitel mit den fünf Säulen erinnern: Es steht sich nicht so gut auf einem Bein! Diese Programmiertechniken funktionieren und gelegentlich kommt der eine oder andere (vornehmlich Männer) in einen Erfolgsrausch, meint, ihn könne gar nichts mehr bremsen und übersieht im Goldrausch alle anderen Säulen.

In so einem Fall folgt nach dem rasanten Aufstieg öfter mal der genauso rasante Abstieg mit hartem Aufprall am Boden. Wenn man aber als Mensch und Lebewesen völlig im Ungleichgewicht war, weil man sich nur um eine Säule gekümmert hat, dann hat man damit auch den Absturz selbst programmiert, denn das Universum spiegelt nur wider, wie es im Inneren desjenigen wirklich aussieht.

Darum möchten wir hier gerne ein paar Vorschläge für weitere Programmierrunden geben. Wie wäre es mit:

- »Mein Körper ist vollkommen gesund.«
- »Geistige, seelische und körperliche vollkommene Gesundheit.«
- »Ich bin eine gute Mutter/ein guter Vater.«

Statt: »Ich programmiere eine tolle neue Freundin, einen tollen neuen Freund, der oder die so und so ist«, ist es weit effizienter zu programmieren:

- »Ich bin der beste Freund, den man haben kann.«
- »Ich programmiere mich, diese und jene Eigenschaften zu haben« (die, die man sich an guten Freunden wünscht).

Ich hoffe, Sie erkennen, wie genial gerade die letzten zwei Programmierungen sind. Was nützt es Ihnen, die tollsten Freunde herbeizuprogrammieren, wenn Sie ausstrahlen ein Workoholic zu sein oder wenn Sie ein mikroskopisch kleines Selbstwertgefühl ausstrahlen? Das kann nichts werden. Die gewünschten Menschen werden Sie nicht haben wollen.

Wenn Sie stattdessen programmieren, selbst der beste Freund zu sein, den man haben kann, dann wirkt sich das unweigerlich auf Ihre inneren Qualitäten aus. Sie strahlen diese aus und ziehen sie unweigerlich auch bei anderen an.

>*»Daran erkenn ich den Freund,*
>*dass er mich oder sich nicht unterhalten,*
>*sondern bloß dasitzen will.«*
>
> Jean Paul

Bestellen Sie, so ein Freund zu sein. Das ist die beste Versicherung gegen zu viel Stress und Hektik im Leben.

Genauso das Programm: »Ich bin ein guter Vater«, »Ich bin eine gute Mutter«. Wenn Sie das Gegenteil glauben und ausstrahlen, werden sich Ihre Kinder immer vernachlässigt fühlen, selbst wenn Sie rund um die Uhr anwesend sein sollten. Strahlen Sie aus: »Wir sind super Eltern.« Dann brauchen Sie zum einen lange nicht so oft anwesend zu sein und die Kinder werden trotzdem »satt« sein von der Qualität, die sie mit Ihnen erleben. Es kommt eben auch hier – wie in vielen anderen Bereichen – mehr auf Qualität als auf Quantität an.

Und: Sie können gar nicht mehr zu sehr ins Workoholic-Dasein abstürzen, weil der gesetzte Automatismus (gute Eltern zu sein) unmerklich dagegen arbeitet. Ohne dass Sie logisch darüber nachdenken, werden Sie Zeit mit der Familie verbringen und es sogar genießen.

Mit dem unbewussten Automatismus: »Ich bin eine Niete als Vater und kümmere mich nie um meine Kinder«, können Sie sich die Termine, wann Sie bei Ihren Kindern sein wollen, sogar in den Terminkalender eintragen und es wird nichts nutzen. Wahrscheinlich kommt dauernd etwas dazwischen oder es kommen rein zufällig immer dann, wenn Sie gerade was mit den Kindern spielen wollten, gaaanz wichtige Anrufe, die Sie ewig am Telefon beschäftigen etc.

Ändern Sie das Programm und die zufälligen Zusammentreffen werden genau anders herum sein: Sie wollten lange arbeiten, aber wurden überraschend früh fertig und außerdem war es grad so heiß, dass Sie doch lieber mit den Kindern ins Schwimmbad gegangen sind. Und plötzlich ruft keiner mehr an, wenn Sie grad vom Fünfmeterbrett springen oder Wasserbomben werfen!

Weitere Themen für Programmierungen können sein:
- »Ich bin körperlich fit und voller Elan.«
- »Meine persönliche Entwicklung macht mir Freude.«

Ich kenne mittlerweile mehrere mittelständische Unternehmer, die berichtet haben, dass sie zunächst unbedingt und auf jeden Fall Millionär werden wollten. Außer Stress und Frust und viel

Arbeit geschah aber nichts und so gaben sie es irgendwann auf. Sie kamen drauf, dass das Leben zu kurz ist, um es nur mit Leistungsdruck im Arbeitswahn zu verbringen.

Das neue Ziel lautete daher plötzlich, dass alle glücklich sein sollten: sie selbst, die Mitarbeiter, die Kunden und zu Hause die Familie sowieso. Wie viel Geld das letztlich bringen würde, war ihnen auf einmal egal. Sie wollten Lebensqualität.

Ruckizucki sprach es sich herum, dass es am schönsten und wohligsten zum Einkaufen einfach bei ihnen ist oder dass ihren Dienstleistungen irgendwie so ein Zauber von guter Laune mit anhaftet. Das ging zum Teil so weit, dass die besten Mitarbeiter der Konkurrenz dort kündigten und bei ihnen anheuerten. Die Belegschaft war kaum noch krank und alle leisteten mehr, trotz weniger Überstunden und mehr gemeinsamer Teepausen.

Kurz und gut: Auf einmal waren sie entweder wesentlich wohlhabender als je zuvor oder sogar Millionäre und wussten kaum wie ihnen geschah.

Sie waren quasi vom Storch (einbeinig oder einsäulig) zum Tausendfüßler (stabil auf allen Säulen stehend) mutiert und das spiegelte sich in den Kassen wider.

Ein Mohr-Methoden-Programmierer will alles. Mit einer Säule allein gibt er sich nicht ab. Seien Sie unmäßig und programmieren Sie Optimierung in allen Bereichen!

Welche Methode ist die richtige für mich?
Soll ich nun die Yin- oder die Yang-Methode wählen und wie genau muss ich mich an die Details halten? Was ist richtig für mich?

Freuen Sie sich, Sie dürfen es selbst entscheiden, denn es ist egal!

Früher mal saßen irgendwelche Gurus auf roten Plüschkissen und gaben vor, so und nur so ginge es, wenn man sein Unterbewusstsein neu programmieren wolle und auf jeden Fall müsse unbedingt dies und das und jenes beachtet werden.

Aber je mehr wir wissen, desto mehr kommen wir drauf, dass das Wichtigste am ganzen Prozess ist, zu begreifen, dass es geht. Und das haben wir versucht, in diesem Buch möglichst anschaulich und logisch nachvollziehbar darzustellen.

Der Rest, wie Sie dann umprogrammieren, ist relativ egal. Es ist nachweislich so, dass man in Alpha das Unterbewusstsein leichter erreicht, es ist auch sicher so, dass Rituale aller Art hilfreich sind (ein bestimmter wiederkehrender Ablauf ist ja schon eine Art Ritual). Aber je öfter Sie mit Ihrem Unterbewusstsein kommunizieren, desto mehr schleifen sich auch hier die Bahnen wieder ein. Sobald Sie ein paar Mal die Erfahrung gemacht haben, dass es geht, hört Ihr Unterbewusstsein immer schneller und besser hin.

Bei den meisten von uns war das Unterbewusstsein gewöhnt, nie direkt angesprochen oder gar bewusst umprogrammiert zu werden. Daher reagiert es am Anfang vielleicht verblüfft oder freudig erregt oder ein wenig misstrauisch, wer weiß.

Je öfter Sie jedoch mit ihm kommunizieren, desto mehr wächst das Vertrauen. Und dann können Sie früher oder später auf Alpha, Rituale und das ganze Drumherum einfach verzichten. Dann stehen Sie unter der Dusche und setzen mal eben kurz eine neue klare Absicht und fertig.

Beim Universum zu bestellen (nach meinem, Bärbels ersten Buch *Bestellungen beim Universum*) ist daher nur die Superturbokurzform der Yang- oder Yin-Methode aus diesem Buch.

Es kann sein, dass Sie zum Einstieg etwas brauchen, das für den wissenschaftlich orientieren Teil unseres Verstandes besser nachvollziehbar ist. Oder Sie haben das Gefühl, beim Universum zu bestellen klappt hauptsächlich bei Kleinigkeiten und den »wichtigen Themen« müsse man doch mehr Aufmerksamkeit widmen.

Wissen Sie was? Sobald wir so etwas denken, ist es so.

Die Mohr-Methode begreift sich daher als Baukastensystem, das man individuell für sich gestalten kann. Der erste Schritt zu einer perfekten Verbindung mit dem eigenen Unterbewusstsein ist der, nach i nnen zu spüren, bei welcher Fassung des Umprogrammierens die größte Resonanz besteht. Womit kann ich mich jetzt in diesem Moment am besten selbst überzeugen? Das nehme ich dann.

Nun ist dem einen oder anderen sicherlich auch schon aufgefallen, dass die ganzen Umprogrammierungsrituale etwas umständlich sind, wenn ich nur einen Parkplatz in der überfüllten Innenstadt, ein geeignetes Hochzeitsgeschenk auf die Schnelle, schnelles Durchkommen an der Supermarktkasse, nette Kunden per sofort oder etwas Ähnliches möchte. Dafür werde ich sicherlich nicht tagelang extra programmieren.

Nehmen Sie es als »Hausaufgabe«, sich aus dem hier Gelesenen eine eigene Schnellmethode für solche Fälle zusammenzustellen. Drei Vorschläge für absolute Anfänger kommen hier noch mal. Aber eigentlich sollten Sie wirklich versuchen, Ihr eigener Guru zu werden, wenn es darum geht herauszufinden, wie Ihre ganz persönliche Kommunikation mit dem Unterbewusstsein am besten funktioniert:

- Die Superturboschnellmethode, die vermutlich wegen des leicht absurden und kindlichen Anflugs so gut funktioniert, ist die einer Bestellung beim Universum. Auch wenn ich es nicht lassen kann, die Vorzüge dieser Methode zu preisen, müssen Sie trotzdem nicht unbedingt das Buch kaufen. Sie finden auch haufenweise kostenlose Tipps dazu auf meiner Homepage www.baerbelmohr.de
- Erinnern Sie sich an den Fluss des Lebens aus dem Problem-Kapitel. Geben Sie in Gedanken Ihre Koordinaten ans Universum durch und wählen Sie neu, wo Sie hinwollen: »Achtung, befinde mich in der Innenstadt, Hauptstraße. Falle in fünf Minuten vor meinem Lieblingscafe ein, bitte an einem Parkplatz vorbeifließen lassen.«

Wichtig: Nicht dagegen rudern (=Jammern und zigmal wiederholen, es sei ja doch kein Parkplatz da, damit kann Ihr Lebensfluss nur an den zugeparkten Stellen vorbeifließen).

- Ganz Ausgeflippte gehen davon aus, dass wir in einem Feld endloser Möglichkeiten leben und nur durch unser Bewusstsein und Beobachtung festlegen, was gerade in 3D sichtbar ist. Sie programmieren neu mit: »Freeze (unerwünschte Situation einfrieren) und fade away (langsam ausblenden)! Ich teleportiere aus dem Feld der unendlichen Möglichkeiten Folgendes in mein dreidimensionales Erleben hier und jetzt: ...«

Denken Sie dran: Sobald Sie wissen und verinnerlicht haben, *dass* es geht, ist der Weg dahin zweitrangig. Wählen Sie das, woran Sie im Moment am besten glauben können und was sich am kraftvollsten für Sie ganz persönlich anfühlt!

Sie sind Schöpfer Ihrer Realität und Sie können auch die Art und Weise, wie Sie schöpfen wollen, selbst festlegen! Das ist der erste Schritt und zudem ein sehr wichtiger Schritt, um Ihrer inneren Kraft wieder ganz nahe zu kommen.

**Denken Sie neu über sich und
Sie werden jemand Neues sein!
Erfinden Sie Ihr Leben neu!**

Entscheiden Sie, was Sie als Automatismen in Ihrem System zulassen, anstatt es anderen zu überlassen Sie zu bestimmen!

Glück, Frieden und alles, was Sie sich wünschen,
wünschen Ihnen
Bärbel Mohr & Clemens Maria Mohr

Über die Autoren

Bärbel Mohr war Fotoreporterin, Fotoredakteurin und Grafikerin und legte sich 1995 das Schreiben als Hobby zu. Ihr erstes Buch, Bestellungen beim Universum, wurde zunächst nur in kopierter Form in Umlauf gebracht, bis es 1998 bei einem richtigen Verlag landete. Bis Anfang 2005 sind eine Million Bücher von ihr verkauft worden und *Bestellungen beim Universum* wurde bisher in 12 Sprachen übersetzt – was kaum jemanden mehr verwundert als die Autorin selbst.

Ab 1995 begann sie Seminare zu geben und Vorträge zu halten. 2000 produzierte sie ein eigenes Video (»Herzenswünsche selbst erfüllen«) und Ende 2001 wurden ihre Zwillinge geboren. Seitdem hat sie ihre Auftritte in der Öffentlichkeit reduziert.

Alles Wissenswerte von und über Bärbel erfährt man unter www.baerbelmohr.de

Clemens Maria Mohr ist einer der Toptrainer der deutschen Wirtschaft und in offenen Trainings für Privatpersonen zur Zeit nur über die Bärbel-Mohr-Akademie zugänglich. Er ist seit 15 Jahren tätig und gehört zu den wenigen stabilen Größen im Motivations- und Mentaltrainingssektor. Er ist ausgebildeter Sportwissenschaftler und Mentaltrainer. Zu seinen Kunden gehören Großkonzerne, Mittelständler und Sportverbände wie z. B. die Deutsche Ski-Nationalmannschaft.

Clemens Maria Mohr ist mit Bärbel Mohr zusammen neben der »MOHR-Methode« auch Autor von »Neues vom Wunschfänger-Engel«. Darüber hinaus ist er Autor von zahlreichen eigenen Büchern, CD- und Kassettenprogrammen. www.clemensmariamohr.de

Literaturverzeichnis

Ablass, Werner:
- Leide nicht – liebe; Omega, 2004

Bauer, Joachim:
- Das Gedächtnis des Körpers; Piper, 2004

Carroll, Lee
- Die Indigo Kinder; Koha, 2001

Griscom, Chris:
- Die Heilung der Gefühle, Angst ist eine Lüge; Goldmann, 1991

Hay, Louise:
- Gesundheit für Körper und Seele; Ullstein Tb, 2004
- Heile Deinen Körper; Lüchow, 1989

Herzog, Dagmar:
- Mentales Schlankheitstraining; Heyne, 1998

Hill, Napoleon:
- Denke nach und werde Reich; Ariston, 2000

Höhler, Gertrud:
- Herzschlag der Sieger; Ullstein Tb, 2004

Kössner, Christa:
- Die Spiegelgesetz-Methode; Ennsthaler, 2001

Lassen, Arthur:
- Heute ist mein bester Tag; MOTI-TEAM, 1994

Löhr, Jörg / Pramann, Ulrich:
- So haben Sie Erfolg; Südwest, 2000

Lundin/Paul/Christensen:
- Fish; Goldmann, 2003

Mann, Rudolf:
- Der ganzheitliche Mensch; Walhalla Fachverlag, 2003

Merkle, Rolf:
- So gewinnen Sie mehr Selbstvertrauen; Pal, 2001

Meyer, Hermann:
- Gesetze des Schicksals; Goldmann; Hugendubel

Mohr, Bärbel:
- Bestellungen beim Universum; Omega,1998
- Der kosmische Bestellservice; Omega, 1999
- Reklamationen beim Universum; Omega, 2002
- Universum & Co.; Omega, 2000
- Der Skeptiker und der Guru; Omega,2002
- Dem Teufel sei Dank; Wu Wei, 2001
- Nutze die täglichen Wunder; Koha, 2001
- Neue Dimensionen der Heilung; Koha, 2004
- Der Wunschfänger-Engel; (CD) Nietsch, 2004
- Neues vom Wunschfänger-Engel (zusammen mit C. Mohr), Nietsch
- Lichtkinder; Koha, 2005

Mohr, Clemens Maria:
- Aktiviere deine Kraft; videel, 2003
- Die kleine Fee in Dir; videel, 2002
- 111 Tipps für ein besseres Leben; videel, 2002
- Nie mehr ärgern; videel, 2002
- Glück und Erfolg (CD und MC)
- Erfolg (MC)
- Der positive Tagestipp (Video)
- Neues vom Wunschfänger-Engel (zusammen mit B. Mohr)

Molcho, Samy:
- Körpersprache; Goldmann,1996; Bassermann, 2003

Murphy, Joseph:
- Die Macht Ihres Unterbewusstseins; Ariston, 2002

Murphy, Michael:
- Der QuantenMensch; Ludwig 1998

Ornish, Dean:
- Die revolutionäre Therapie: Heilen mit Liebe; Goldmann, 2001

Patel, Dr. Mansukh:
- Mastering the laws of relationships; Life Foundation Publications, 1997

Peale, Norman Vincent:
- Die Kraft Positiven Denkens; Oesch 1994

Pöhm, Matthias:
- Nicht auf den Mund gefallen!; Goldmann, 2004
- Endlich schlagfertig (MC)

Ponder, Catherine:
- Bete und werde reich; Goldmann, 1998

Redfield, James:
- Die Prophezeiungen von Celestine; Ullstein Tb, 2004

Robbins, Anthony:
- Grenzenlose Energie; Ullstein Tb, 2004
- Das Robbins Power Prinzip; Ullstein Tb, 2004

Rosenberg, Marshall:
- Gewaltfreie Kommunikation; Junfermann, 2004

Schäfer, Bodo:
- Der Weg zur finanziellen Freiheit; Dtv, 2003
- Money; Droemer Knaur, 2001
- Die Gesetze der Gewinner; Dtv 2003
- Endlich mehr verdienen; Dtv, 2004

Scheele, Paul R.:
- PhotoReading; Junfermann, 2001

Schellbach, Oscar:
- Mein Erfolgs-System; Herm. Bauer, 1995

Schuller, Robert H.:
- Aufwärts zum Erfolg; Tb, 1984,

Schwarz, Hubert:
- Bike the Future; Büchenbach, 2001

Seiwert, Lothar J.:
- Mehr Zeit für das Wesentliche; Mod. Industrie, 2005
- Wenn Du es eilig hast, gehe langsam; Campus

Sheldrake, Rupert:
- Das Gedächtnis der Natur; Scherz, 1998
- Die Wiedergeburt der Natur; Scherz, 1993; Rowohlt Tb 1994

Sher, Barbara:
- Wishcraft, Lebensträume und Berufsziele entdecken und verwirklichen; Edition Schwarzer, 2004

Shioya, Dr.
- Der Jungbrunnen des Dr. Shioya; Koha, 2003

Silva, José:
- Silva Mind Control; Ullstein Tb, 2004
- Die Silva Mind-Control Methode für Führungskräfte; Erd, 2002

Spitzbart, Michael:
- Fit Forever, 3 Säulen für Ihre Leistungsfähigkeit; Heyne, 2002

Staub, Gregor:
- Mega Memory (MC/CD)

Strunz, Dr. Ulrich:
- Schlank und Fit für immer; Tb, Vitalmind AG, 1999
- forever young, Sternediät; Heyne, 2005

Tegtmeier, Ralph:
- Der Geist in der Münze; Goldmann, 1990

Tepperwein, Kurt:
- Kraftquelle Mentaltraining; Goldmann, 1993
- Der Weg zum Millionär; Goldmann, 2000
- Die hohe Schule des Erfolges; MVG, 1999

Tompkins/Bird:
- Das geheime Leben der Pflanzen; Fischer Tb.

Tracy, Brian:
- Thinking Big; Gabal, 1998

Ulsamer, Bertold:
- Erfolgstraining für Manager; Econ, 2003

Vester, Frederic:
- Denken, Lernen, Vergessen; Dtv, 1998

Waitley, Denis:
- Nur wer handelt, kann gewinnen; Oesch, 1999

Wenger/Poe:
- Der Einstein Faktor; VAK, 2001

Yunus, Muhammad:
- Grameen, Eine Bank für die Armen der Welt; Lübbe, 2001
http://www.grameen-info.org/

Bärbel Mohr / Clemens Maria Mohr
Die Mohr-Methode Karten-Set
ISBN 3-03819-022-5
Euro 9.90 / CHF 18.30
49 Affirmationskarten + 1 Anleitungskarten

erschienen im Urania Verlag

Bärbel Mohr / Clemens Maria Mohr
Die Mohr-Methode

Geleitete Meditationen zu dem Buch
»Die Mohr-Methode« und Texte zum Thema
von den Autoren persönlich gesprochen:
- Ein gesundes Selbstwertgefühl
  ist die wichtigste Basis für Erfolg
- Erhöhen der Selbstliebe
- Mit Dankbarkeit zum höchsten Potential
- Eigenverantwortung
- Meditation nach der Yang-Methode

Musik: Sayama
CD 60 min € 9,95

Bärbel Mohr
Lichtkinder
Spirituelle Verbundenheit und Kreativität fördern
Bärbel Mohr, selbst Mutter zweier Kinder, hat viele kindgerechte Übungen und Spiele entwickelt, um die spirituelle Sensibilität zu erhalten und zu fördern. Ihre Vorschläge sind aus der Praxis entstanden und lassen sich leicht zu Hause, bei Kinderfesten oder im Kindergarten anwenden. Viele praktische Tipps runden das Buch ab und machen es zu einem wertvollen Begleiter für Eltern und Kinder.
gebunden, 160 Seiten,
Illustrationen: Stefan Stutz
€ 9,95 / ISBN 3-936862-52-4

Bärbel Mohr
Lichtkinder Karten
Die Karten können als Ergänzung und Vertiefung zum Buch dienen, aber auch gut unabhängig davon verwendet werden.
Das Kartenset enthält:
15 Trinkwasser-Energetisierungs-Karten
5 Naturheil-Schablonen
15 Gute-Nacht-Erzählungen zum Vorlesen oder Nacherzählen
12 Blitz-Energie-Karten
3 Karten mit Gebrauchsanweisungen
Illustrationen: Stefan Stutz
€ 17,95 / ISBN 3-936862-53-2

Bärbel Mohr
Neue Dimensionen der Heilung

Bärbel Mohr präsentiert eine anregende Vielfalt von Wegen zur Gesundheit und beschreibt nur Methoden, die zum einen nicht allgemein bekannt sind und mit denen sie zum anderen selbst gute Erfahrungen gemacht hat. Besonders spannend sind auch weniger bekannte Heilweisen wie die Selbstheilungstechnik Hsin Tao aus dem Shaolin-Kloster, Prana-Heilung, indianische Heilweisen oder die Parasitenkur nach Clark und vieles mehr. Eine wahre Fundgrube sind die zahlreichen Kontaktadressen zu den einzelnen Sachgebieten.
272 Seiten, gebunden
€ 17,95 / ISBN 3-936862-38-9

Bärbel Mohr
Nutze die täglichen Wunder
Was das Unbewusste alles mehr weiß und kann als der Verstand
Bärbel Mohr, spritzig und humorvoll und genau auf den Punkt wie immer, zeigt uns, wie ihr Verstand reagiert, und mit welchen Argumenten und Beweisen sie ihm beibringt, der Stimme des Bauches, der Intuition, Raum zu geben. Verblüffende Beispiele, wissenschaftliche Beweise, immer wieder Neues und immer wieder neue Blickwinkel – das ist es, was dieses Buch auszeichnet und was es zu einer Hilfe für das tägliche Leben macht.
128 Seiten, gebunden
€ 10,20 / ISBN 3-936862-77-7

Bärbel Mohr Akademie

Aktiviere deinen ganz persönlichen "Draht zum Universum" auf allen Ebenen:

☺ Auf der Mentalebene

☺ der Gefühlsebene

☺ der spirituellen Ebene

Die Bärbel-Mohr-Akademie ist eine Dachorganisation die Seminarleiter, Trainer und Coachs empfiehlt, die den Menschen dabei unterstützen, seinen ganz persönlichen "Draht ins Universum" zu stärken um ein individuell erfolgreiches Leben in allen Bereichen zu führen.

Mehr unter Tel. 08031-609401 oder:

www.baerbelmohr.de